エンジェルノート

夢日記より

しらやまさら
Shirayama Sara

文芸社

エンジェルノート　夢日記より　もくじ

まえ書き 11

§I　夢　人間　宇宙探訪編 17

アトランティスの頃 18
北欧時代の記憶 21
ヨーロッパの音楽家の頃の記憶 24
武士時代の記憶 27
現世の出産時&子ども時代の記憶 28
送られてきたメッセージ 34
転生体験について（補足） 39
先祖の守り厚き土地にて 40
祖神《おやがみ》さま 43
定めの輪 47
懐かしい宇宙の振動する感覚と共に 49
テレパシー 50
惑星間の音の調べより 53

記憶していることによって　58
環境汚染？　きれいな水を　59
青く美しい地球　62
音によるコミュニケーションについて　66
円盤旅行　71
プレアデス星団へ向けて　74
多次元存在の自己について　78
二〇〇〇年四月下旬、ハワイマウイ島から
M・Rさんと北米からR・Sさんが来日されたときのことより　80
私のつぶやき　84
出産の日の朝のエピソード　86
生まれた翌日のこと　88
当時を振り返って　90
妊娠したときのエピソード　92
妊娠六ヶ月頃のエピソードより　94
息子（当時、生後十九日）から伝わったこと　96

子どもなる存在を通して、その1　99
子どもなる存在を通して、その2　101

§Ⅱ　列島探訪編　103
初の一人旅にて　104
初の東北旅行　107
自分探しの旅は続く　109
津軽に三泊目　113
津軽の印象　115
飛騨高山・一回目　116
奈良県にて　119
天河大弁財天社へ　120
位山周辺へ　122
毎年の白山登山　124
白山での出来事　125
登山に関する追記　128

東北旅行・二回目　129
十和田にて　131
今日も盛りだくさんだった　133
岩木山登山　134
青森の地とお別れ　137
ちびきの岩は何処に　138
この年二回目の白山登山　139
毎日つけている日記より　140
ことの起こりの前触れについて　141
立山登山（昨年に続いて二回目）→戸隠　143
戸隠へ行ってきて　144
この年三回目の白山登山（奈良で出会った友人と）　146
いよいよ下山　148
岩戸めぐりのまとめの時期？　150
宝達山へ行ってきて　152
伊勢市へ　153

南紀の神社巡り　154
帰宅してからの記録より　157
壇ノ浦を過ぎて、九州にて　159
北九州へ　161
吉野ヶ里遺跡と太宰府天満宮へ　163
三回目の東北旅行　165
十和田湖の遊覧船に乗って　167
二回目の岩木山登山　168
津軽半島中里にて　170
飛騨について　171
丹生川村にて　173
明石・淡路島経由、四国徳島→剣山への旅路　175
剣山にて　178
帰宅して　181
石川県小松市安宅の関へ行ってきて　182
伝わってきたことより　184

初めての沖縄旅行のときのことより　186
宮古島にて　189
沖縄最終日　193
仙台行き夜行バスに乗って　196
山形県の山寺へ　197
戸《へ》のつく地名について〝ちびき〟は何処に　200
十三湖へ　205
初の北海道旅行（名古屋⇔札幌の航空券が当選）　207
釧路にて　210
阿寒湖にて　213
阿寒湖アイヌコタン→釧路→札幌へ　216
札幌空港から出発、帰路に就く　221
白山登山の日　224
二〇〇〇年の白山登山一回目　226
長野県松本市へ　227
乗鞍岳へ　228

南小谷《みなみおたり》へ向かう電車の中で　230
二〇〇〇年の白山登山二回目　235
下山時のこと　238
そして……　239
あと書きに寄せて　240

まえ書き

私が日記を付け始めたのは、一九九三年十一月六日。

この朝、目が覚める直前に夢の中で「日記を付けるように」とのメッセージを受けたからだ（体外離脱体験が頻繁だったのは、この三～四年前からだ。記憶を辿ってみると、小学生の頃や高校生の頃もいろいろとスピリチュアルな体験があった）。

そして、その中から印象的な夢や体験などについて、この日記を元に一九九七年秋から書き起こすことにした。

これらの内容については日常、決して口にしやすいものではなかったのだが、これほどまでに膨大な量の夢の中で起こったことについての、記憶・記録をそのままにしておくのも……と思い、書籍化することを決意したのである。

やはり、何らかの形で周りの人々へお伝えする必要があるのではないかと思う。

また、このような体験の記憶をお持ちの方が他にもおられるようであったら、意見交換をしたいと思っている。何か、思うこと・感じること・共感できるものがある方ともお話がしたいと思う。

このようなストーリーに関して、読者のみなさんはどのように感じられるだろうか。

後半の列島探訪編については、旅行という形で、夢やインスピレーションを元に、実際に様々な土地へ足を運んだ記録により、私なりにまとめてみた。

あの頃は、日本各地の様々な伝説の地を訪れ、調査しながら、時にはスポットワークを兼ねて、私自身の魂のルーツを探るための旅、それから、自己を通しての発見や自己への癒しの旅ｅｔｃ……により飛び回っていた。そして、今は、ゆるりペースだが、これからも〝旅〟は続く……。

※スポットワークとは、様々な捉え方や表現があるが、私流には、人がそれぞれの土地へ

足を運ぶことにより、気の流れが良くなったり、もしくは、ある場所から場所へとエネルギーを直につなぎ、調整する役があり、それを行うこと。

また、過去世において、関わりのあった土地に魅かれて、足を運ぶ場合もあり、自分探しの旅へとなる場合もあるだろう（ただし、本当の答えは自分自身の内側を通して見つけていくとの考え方によって異なるだろう）。

それから、私の場合は、行き先の土地のエネルギーや雰囲気を感じ、それがメロディーとなって旅の前後や道中で、多々降ってくることがあるので、常に五線紙を持参している。

日常生活の中に、これらの様々な体験が同時進行することにより、私という自己が、今、ここに存在することを実感している。それは、とても言葉では言い表せないほどの感慨深い感覚であり、今にこうして存在していることは、奇跡的な瞬間である。それと同時に、これは私たちの愛すべき地球の転生サイクルにおける計画書に、すでに記載されていることなのだろう。
（ここで聞こえてきた私の出身星のファミリーの声「やがて、進化の過程にある私たち人類および、地球自身の意識状態が統合へと向かうのです……」）

私たち一人ひとりが愛すべき・愛されるべき存在であり、各々によるルーツ探しや内なる自己への旅は、これからも続いていくことだろう（同時に、書きながら、様々な宇宙の意識体の関わりを感じる。どうやら、彼らとの共同執筆となりそうだ）。

今、喜びと似たような感覚・エクスタシーを感じる。

〝背中に天使の羽のイメージ。そうすれば、強く羽ばたいて行けるのです〟

〝どう、マインドがリラックスして行くでしょう。ほら、背中の羽がはためいて動くのがわかる？〟

〝……わかるよ。まるで、自分が大きく膨らんだかのような感覚だわ〟

〝そう、深呼吸して、呼吸と共に羽に意識を向けてみましょう〟

〝……うん〟

§I　夢　人間　宇宙探訪編

人には他の転生において別の人物だったことがある。以下は著者自身の生まれ変わり体験のいくつかについてであり、今世において具体的に思い出し始めるきっかけとなった出来事である。

セクションIでは、転生体験と合わせて、数年来の睡眠時の数え切れないほどの体外離脱中の体験の出来事（他の星での滞在・そこの住人との会話を含む、多次元宇宙における内容）をもとに、その一部についてと出産時の記録とを合わせて触れていく。

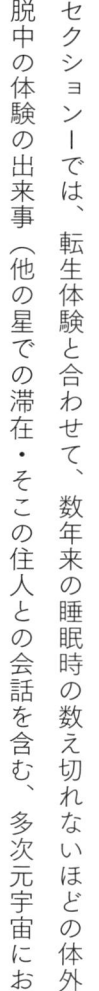

アトランティスの頃――一九九四年十二月二十七日の日記より

何から書いたらいいのだろう。それは、パンゲア（石川県K市にあるヒーリング・カフェショップ）のT氏によるクリスタルヒーリング・セッションと、いろいろな存在に支えてもらっての〝思い出し〟だった。

※クリスタルヒーリングとは……まず、ヒーリングについてだが、人は身体から生体エネルギーを発しており、その別名が気のエネルギーと言う。手のひらから発する気の流れを使っての手当てに当たる。直接に肌に触れてのヒーリングもあるが、身体から数センチ離して行うもの。それを石を用いて行うのが、クリスタルヒーリングである。

十七～八歳の私。白い衣装をまとい、神殿におり、人々にヒーリングをしていた。〝お香〟を焚いたランプのような入れ物を、石段の上（棚のようなところ）に置いていた。私は髪が黄色っぽい、金髪の女の人。それから、白い髭のおじいさんがいた。礼拝をする人々、子連れの人もいる（夢の中でも何度か見て記憶している光景）。

その中で……私は、心のどこかに、結婚して子どもを産むという、ごく平凡な（？）家庭を築きたいなぁという思いがあったようだ。

記憶の中の映像には、大神殿がある。都市の中心部には、大きな先端の尖ったクリスタルが幾つもあり、真ん中のものがとても大きく、長い。クリスタルからは光が出ている。ここには、保育所のようなところ、ヒーリングのための建物、音を奏でるところ、都市があり、青い空と森などが見える。平穏なアトランティス。

ところが……その後。

黒い船。戦争のような感じ。逃げ惑う人々。津波が起こり、飲み込まれる。地割れが起こり、私はアトランティスを、人々を救うことが出来なかったと思う。

（セッションを受けながら、私は涙を流していた。実際は自分のことで精一杯だったのだ）

そして、私は沈んだあとの海をぼんやりと見ていた。

守護存在「宇宙へ還りますか？　それとも、どうしますか？」
私「いいえ、私は地球へ再び転生することを希望します」

〜ここで一言〜
ひとまず、私が地球へ来てからの転生体験の一部について載せることとなった。様々な大陸伝説（アトランティスやレムリア大陸、呼び名はいろいろだが）があるが、真実は如何に？　いろいろな次元時空の観点からすると、どれもが真実かもしれないと思ったりする。地球は膨張と収縮を繰り返しており、今は収縮しているそうである。

北欧時代の記憶

一九九四年十二月二十七日の日記より

私は過去において、北欧のどこかの国に生まれた。どうやら、男の子に生まれたらしい。近くに住むおじいさんに角笛を教わり、吹いていた。羊の群れ……手を振る母。父と一日の仕事に出掛ける。美しい山々、嶺には雪も残っている。季節は初夏。十世紀よりも前だ。六〜七世紀頃か。イエス様を信仰。キリスト教信者だったようだ。教会でお祈りをしている。そこには、イエス様の絵がかけられている。少年は十字架を首からかけている。その後、少年は成長し、結婚。

女の子二人と男の子一人を授かったようだ。映像の中では、五歳、二歳、〇歳くらいだ。ある日、おじいさんが倒れる。そして、柩に入れられて運ばれて行く。牧師さんがいる。みんなで、お祈り。私は嗚咽した。〃人はなぜ死ぬのだろう……〃と。

〃人はいずれ死を迎える。何のために生きているのか〃

後になって、おじいさんがわたしの元へ現れる。

「私は光の中へ還ったのだから、心配しなくて大丈夫。また、会えるさ」と言って行かれた。

やがて、子どもたちも大きくなって、娘たちがお嫁に行く。馬車に乗って（?）行ってしまう。息子はお嫁さんをもらい、一緒に暮らす。

その後、私は年を取り、その生を終える。妻や周りの者が泣いている。やはり、柩に入れられ、葬儀。牧師さんがいる。私はそこにいるのに、もう、生きていないのだ。〝なぜ、みんなは泣くのか、ああ、私はこの人生で何をしたのだろう。人は何のために生きるのか……。光の中へ還ろう。でも、この土地が好きだから、もっと見ていたい……〟

やがて、天使（の姿の存在）が現れる。

守護存在「そろそろ、天界へ還りますか?」

私「はい」と言って帰る。一緒にこの方がいてくれる。

守護存在「さあ、次はどうしますか?」

私「もう一度、地球で転生したいです」

この人生は平穏で平凡な、幸せな日々だった。本来の使命的なことは、すっかり忘れてのことだったのである。

ヨーロッパの音楽家の頃の記憶

――一九九四年十二月二十七日の日記より

十三〜四世紀か。私はヨーロッパ（イギリス辺り？）の田舎の貴族の家に生まれる。兄弟が多く、その中の真ん中の娘のようだ。音楽一家。現世での音楽仲間との関わりもある。私はチェンバロ（？）を弾く。歌の上手な兄。豪華な家。絨毯、窓、シャンデリア……などが視界に入る。演奏をしている私。髪は結い上げて、ドレスを着ている。その後、兄と妹と共に、憧れの街、ウィーンへ馬車で行く。舞台で演奏。どうやら、作曲をしていたようだ。音楽家の素敵な先生。ステージ、お客さん、拍手。

その後、やはり貴族のある家へお嫁に行く。そのうちに、思っていること（思想）を口に出したからなのか、音楽で表現したからなのか……何者かの手によって、私は命を落としたらしい。兄弟も一緒に!?

私はここでも、この土地を愛していた。でも、当時の風習や、制度、考え方に反感を持っていた。……空から、町の上から、見ながら思う〝ああ、この土地を離れたくない〟
　天使の姿の守護存在が現れる。
守護存在「どうしますか？　あなたは……」
私「しばらく、ボーッとしたい」
守護存在「そうですね。では……」

　私はしばらく町を見ていた。やがて、光の中へ行く。何だか周りはモヤモヤとしている。そして、周りが見え始めると、人がたくさんいた。〝ああ、何て心地が良いのだろう。何も悩まされることはないのだ。ホーッ〟
守護存在「しばらく、ここにいるといいでしょう」
私「はい、いいと思うまで、ここに留まることにします」

　しばらくして、自分から……。
私「そろそろ、次へ行きたいと思います」

守護存在「どうなさいますか？」というような会話の後、
〝この次は音楽的にもっと進化出来るでしょう〟とのメッセージを受けた。

武士時代の記憶

一九九四年十二月二十七日の日記より

平安末期、源義経の頃の日本。忠実な武士時代にも生まれたようだ。この他界後のこと。

←

私は地球に何度も転生しているが、その度に忘れ、光の中へ還ったときに目的を思い出すことの繰り返し。イギリスのあとはかなり反省したはずなのであるが。

私「どうして、私のことを見ていて下さるのですか?」

守護存在「宇宙にいた頃、一緒に助け合った仲だから」

その頃の仲間がたくさんいて、私は地球へ転生することを選んで来て、その方（守護存在）はずっとずっと長い間、私のそばについて、守護してくれているのだ。そうすることを選んで来ているということだ。

現世の出産時＆子ども時代の記憶——一九九四年十二月二十七日の日記より

そして、現代の私へ飛ぶ（おそらく、これまでの間に、まだまだ生がいくつもあっただろう）。ほんの二十数年前へ。父と知り合った頃のことなどを母から聞いていたが、まるで、その映像を私が見ているかのようなのである。

あれが、お父さん、お母さんになる人かぁ……と見ていた。やがて、二人は結婚し、私は母の胎内へ降りていくような感覚。温かくて守られているような感じ。母が語りかけてくれる。私は反応してもらいたいため、お腹の中で、動く、蹴る。受胎したときから、母はとても喜んでいる。嬉しそうで、幸せそうな父と母。私が生まれることを楽しみにしている。お腹の中からその様子が見え、感じ取ることができる。どんな子が生まれるのか、育つのかと思っている様子だ。そして、もうすぐ出産となった。

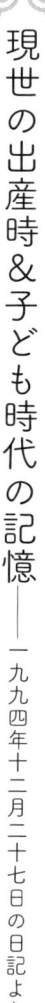

母が頑張っている。私も頑張っている。だけど、すぐには出られない。お医者さんと看護師さんがいる。「頑張れ!!」の掛け声。その声に応じてなのか頭が出て来て、首まで出て、手、お腹……そして、足が出る。

臍の緒がつながっている。──↓切られる。少し寒い。思いきり泣く。ぬるま湯へつかる。口にちょっと、お湯が入る。気持ちいい。それまでの過去世の記憶が残っていた。母に抱っこされて、温かいぬくもりを感じる。母乳を飲む。幸せな顔。母の顔を見ている私。じっと見る。〝どんな、新たな人生がスタートするのだろう〟と。

ハイハイする頃から、少しずつ昔の記憶を忘れ、しまわれていく。二歳になり……海が見える（海を見ていたという記憶から）……ベランダのある畳の部屋で、座りながら、何のことだったろうかと思う（今世、海の見えるところに住んだことはない）。何となく覚えているアトランティスやレムリアのこと。段々おぼろげになってゆく。四歳、五歳になって、ますます薄れてゆく。小学校一年生頃……あんまり覚えていない。

小学二年の春。病気になり、体温計では計りきれないほどの高熱が十日間続いたときに体外離脱体験が数回あったが、その都度、こちらの転生体験の世界である身体の中へ戻ってきた。退院後の六月下旬、オレンジとシルバーの飛行物体を、夕暮れ時に二度目撃。宇宙語のようなものを空に描いていた。私には読めなかったが、伝わって来るものがあった。そして、じわじわと、何かの感覚がこみ上げてきた。

少し懐かしく、とてもやさしいような、ぶわ〜っと感動的なものが湧き起こったことを思い出した（一機目はクルクルと回転しながら、二機目は近づいたり遠ざかったりしながら、少しずつ接近してシグナルを送ってきた）。

だが、また忘れる。小学四年の頃、何だろう何か忘れているような、何かあるはず……と思うようになる。この頃、夜になると、幾種類かの宇宙からの発信音らしきものが重なって聞こえ（特に小四の二学期から小六の間）、あまりの凄まじさに気になって、毎晩眠れなくなった。日中は日中で、特に学校にいる時間帯に、〝おまえは何も言わずにだまっていろ〟というような言葉がしょっちゅう、頭の中で鳴り響いていた。小学六年の頃、とてもボ～ッとしやすくなり、気持ちがすぐにどこかへ飛んでしまっていた。自分でもそれが止められない状態。授業を聞いていなかったり、起こった出来事に関してあらゆる可能性について考察したり、繰り返し、何度も何度も細かいところまで、想像にふけっているることがクセになっていた。

※ここでいう二学期とは……現在、小学校は二学期制（十月二週目を境に前期と後期）のところと、従来からの三学期制の学校とがあり、夏休み明けから冬休み前までをいう。

中学生になる時から人の話を聞くように、この現実に視点を合わせるように意識し努める。こちらの世界で生きるためのバランス取りを心掛けた。

※こちらの世界とは……人間としての転生体験のこの世の世界のこと。

中学一年の頃、気が付いたらよく何分かジーッと何も考えずに部屋の隅に座り込んでいるということが、日課のようになっていた（ああ、またやってしまったと思ったものだった）。しかし　だんだんとそういうことも数少なくなっていった。

小四の夏……公園の大きな石のすべり台で友達と遊んでいたときのこと。私がちょうど滑るとき、だれかが急にバケツの水を上から撒いたものだから、あやまって滑り、頭の左側を強打し、しばらく視界が真っ暗になったことがあった。

それから、中一の夏くらいまで、ジャンプしたり、自転車に乗ったりして身体が揺れる度、頭の左側の中がたっぷんたっぷんといって気分が悪かった。そのうちに中が固まったのか（？）何ともなくなった。……と思ったら、今度は急に立ち上がったり、心の準備なしにいきなり振り向いたときなどに、頭の左側が、木刀か何かで不意に叩かれたような激しい痛みが毎回走るようになった。それで気をつけて立ち上がるようにした。その後、この状態は十五年近く続いたが、だんだんと痛みは弱まり、現在、ごく弱くうずくことがある程度で痛みはほとんどない。

ところが、小四の夏休み明けからだ。私がごくフツウの小学生及び、〝その辺の人（？）〟でいられなくなったのは。

滑り台で頭を打ってから、私は急に言葉をスムーズに出しにくくなったり、人と話すのがおっくうになったりした。しばらくこの後遺症が続いたが、何年かかけて私は対処し、だんだんと人前で話すことにも慣れてきた。

やがて、何か考えようとしたり、考え過ぎたりして解決しようとする度、頭の左側の痛みが強くなることに気が付いた。そういうこともあり（私の左脳側はどうなったのか？おもに言語や計算のところにあたるだろう）、右脳側に接続でもしてカバーしたからなのか、そのうちに会話もごくフツウに出来るようになってきた。

そういったことと連動したのか、私の中の記憶の封印が解け始め、数珠繋ぎのように思い出す過程のなかで、体外離脱体験などが可能になったのではないだろうかとも思う（必ず痛い思いをしなければならないというわけでもないが）。

私の頭の左側がどうなったのかについては、私自身はっきりとはわからないけれど、私がこうして今、生きているのだから、それでいいと思う。

送られてきたメッセージ——一九九四年十二月二十七日の日記より

家へ帰ってから……〝私でよければ、力になります。助け合えるといいな〟というメッセージが私の内側から（T氏および、地球の人々へ対して）送られてきた。

「過ちを繰り返してはいけない。地球も宇宙もそのことを望んではいません。あなたが新しく生まれ変われるよう、成長・進化し、自分が何者であるかということを思い出し、内側からのパワーによって、人々と関わりを持つことです。音楽性を磨いて、演奏し表現することです。答えはもう、見えている。もう、そこまできている。自分を信じること。周りの存在を、仲間を信じること。地球も宇宙も味方です」

〈セッションの後のこと〉　アトランティス時代の記憶の続きより

ぼんやりとしていたら、白髭の老人のような顔（長老）が見えて、

「目を合わせるように……」

と言われ、迷うことなくT氏と目を合わせた。あの方は、アトランティス時代のT氏なのかもしれない。

アトランティスの海岸沿いに長老さんと私（場面はこの大陸があった頃に遡って）の対話より。
長老「アトランティスは沈んでしまう」というようなことを言った（長老は先のことを知っていた）。
私「どうしてですか？　アトランティスは永遠ではないのですか？」
長老「……全てが宇宙の仕組みの中で起こっている。いずれ思い出し、わかる時が来るだろう……また会えるときが来る」
私「はい」

長老「その時は力を貸してくれよ」
私「はい」

その後、津波が起こり長老と共に私も海底に沈んだ。

〝あ、「ありがとう」を言ってから、(その映像の中の長老と)さようならした方がいいのかな？　それとも、「これからよろしく」？〟

私「でも、本人、目の前にいるしなぁ」
T氏「どういう位置にいるのかわかってきた。(長老は)意図的に沈んだそうだ」
※意図的に……とは、そのように予定していたということ。

私はもう、目がうるうる状態、〝思い出し〟の後ということもあって。感動でいっぱいだった。

〈地球外生命体時代のことについて、スピリチュアル・ガイドに質問〉

私「私はどこから来たのですか？」

「宇宙のどこか？」

「銀河系の……？」

答え『オデッセイ』

私「え、それは銀河系の中にあるのですか？」

どこなのだろう。


私〝あ、仲間たち、お父さん、お母さん、兄弟らしい〟

その映像の中でお母さん（？）と話す。彼女とは私が宇宙にいた頃、行動を共にしていたらしい。また、帰る日は来るのかもしれない。出身星のファミリーはず～っと、見守ってくれているようだ。

〝帰ってきてね〟とも感じとれた。だが、私は何度も地球で転生することを選んだ。それには何か訳があるのだ。

〝任務を終えたら帰ってこい？　もしかして、向こうで〈すること〉が新たにあるの？〟

今はまだ何とも言えないけど、待っていてもらえるだろうか。

※出身星（故郷の星や生まれ星など）について……地球以外にいくつかあり、その中で結びつきの強い星が一つや二つあるのだろうか。異次元空間に平行宇宙（パラレルワールド）的に、それぞれに存在し、様々な営みが現在進行中と言えるであろう。

転生体験について（補足）

――二〇〇四年一月十七日の記録より

これらの転生体験の出来事に関して、そういった可能性があったに過ぎないのではないだろうか。いつの時代にいたどんな人で、何をしていたのかということは、そんなに重要ではないような気がする（時と場合によって、それらが重要なこともあり、必要に応じて思い出され、自分について知るための鍵となることもあるが）。ただ、そういう体験があったということなのではないだろうか。

これらは、私にとってほんの一部の転生体験の記憶によるものであり、時代や次元を超えて、複数の自己が存在しうる中で、今この私自身に焦点を合わせているという感覚である。

先祖の守り厚き土地にて――――二〇〇九年十月二十二日の日記より

手取川のすぐ側の石川県能美市（旧能美郡寺井町）粟生《あおう》にて。

この付近は私の実家の父方の先祖がいた場所で、そこへ行くと、私の中のDNAが騒ぐというか、喜ぶような気がする場所である。

また、五年前までの三年間、長男Rが二歳一ヶ月まで、当時の九谷焼祭りの会場のすぐ近くに住んでいたという場所でもある。

六代前の頃に、私も同じ家系にいたようだ。それは、もっと前に思い出したことだ。そして、久しぶりに和田山古墳（和田山史跡公園）へ立ち寄った。誰もいなくて良いお天気の中、階段を上りベンチに腰掛けて、ほお～っと、ひと息つくと……。

聞こえる……。

（以下の内容は、私の耳の奥に伝わってきたことである）

「姫様、姫様……目を覚まして。気が付いて」

「目を覚まして」と呼ぶ声が聞こえた。

私「誰？　姫って？」

そして、思い出した（最近、こういう内容が多いなぁ。また、眠っていたのか……）。

私は古墳時代の寺井にいたのだということを。

名前はカヤ。地方豪族の娘で巫女として育てられたようだ。六世紀以前の話で、邪馬台国の卑弥呼の宗女のイヨ（トヨ）の時代と少し重なるか、もう少し後の頃のことのようだ。

そうか、このように過去世においてトレーニングを受けていたのだ。大体、巫女として教育する場合は、三～四歳くらいで素質があるのかどうかを見極められたようだ。その素質うんぬんはともかくとして、そういったわけでこんなにもあの土地になじむのであろう。

祖神《おやがみ》さま――――二〇〇九年十月二十五日の日記より

以下は十月二十二日、夕方に伝わってきたことより。

〈祖神《おやがみ》さまのお話より〉

語り手はカヤの父親。玉造《たまつくり》の祖《おや》・祖神《おやがみ》。

※カヤとは古墳時代の私の過去世の名。十月二十二日の日記を参照のこと。

「緑のヒスイ。勾玉。石・水晶の装飾品。玉《ぎょく》。石のパワーの有用性と身を守るためと……」

「記憶の扉は数多くある。もしも、全ての記憶を取り戻したなら、もはや、この地上にいることにならないであろう」

「……何をどうしたいのか。何をどのように意図したいのか」

そう、あれから。あのストーリーが続いているような気がする。私の守護ガイドの一人がサヨで、おばあさん姿の人。彼女の存在は十年ほど前から知っていた。何かを決断し導きのヒントを与えてくれるのも、おもに彼女（サヨおばあちゃん）だ。

※守護ガイドとは……守護してくれる存在。人には先祖の霊など守ってくれる存在が側にいる。その中の主要ガイドさんが指導霊にあたるようだ。例えば、過去世において、同じく人間として転生していた頃の身近な存在だった者が、守護霊および指導霊として守ってくれているケースもあるようだ。また、地球以外の星の系統を濃く持つ者には、未来世にあたる自分自身および、そちらのファミリーの加護を受けることもあるようだ。

※ここでいう未来世とは、他の星の存在たちは、地球人よりも高次元に存在しているらしく、時間が過去から未来へと流れている地球においては、未来にあたるため（時間についでは、本当のところは平行宇宙・パラレルワールドであり、宇宙において、過去や未来という表現ではなく、今ここにあるという捉え方である）。

しかし、現在、私に適合しかかっているのは、少女時代のサヨ（当時の私にとって、祖母のような立場の人）。そうか、彼女は石の読み取りも得意としていたのだ。もちろん、その石は護符としても扱っていた。

※一九八二年八月（九歳の時）に私が頭の左側を強打した際、彼女（サヨ）と私（カヤ）のスピリット及び、意識状態が入れ替わったようなのだが、現在は双方の体験の記憶を共有している状態。彼女とは何度か同じ時期に地球上に転生している。〈二〇一一年六月一日記〉

聞こえる言葉は、この他に、レムリア的発想。古代日本的教義。レムリアン瞑想。レムリアン・シード。アトランティス瞑想。イルカとつながる瞑想。女神の……。おおっ、ここにもキーワードがありそうだ。

※レムリアについて……地球は定期的に膨張と収縮を繰り返しているようであるが、膨張する前の今の地形になる前の、地球がもっと収縮していた時期の大きな大陸にあたるよう

だ。様々な説があるようだが、中国大陸、朝鮮半島、日本海および日本列島、広く太平洋のポリネシア辺りなどに、大きな大陸として位置していたのではないかとの捉え方もある（もしかすると、もっと広範囲かもしれない）。その中心部にあたる地域がムー帝国と呼ばれたエリアなのではないだろうか。ムー文明には、日本古来の文化や発想などの元となるものが息づいていたのではないかと思われる。

定めの輪

――二〇〇九年十月二十五日の日記より

カヤ（過去世の私）＆サヨ（当時の祖母に当たる立場の人・守護ガイド）の対話より。
カヤ「意識の状態が明確になって、迷いがなくなってきた。目的意識を持ち、意図できる」
カヤ「何をどのように意図していくのか。様々な要素を取り入れながら、明らかにしていく」
サヨ「まだ、誰もお前をこの世から連れ出したりはしない。その時期は宿命なるものによって決まる。そして、お前の自由意思によってだ。それが定めだ」
サヨ「〝定めの輪〟にのって……〝定めの輪〟とは言い換えれば、宇宙銀河のこと。これは、作り上げた世界であり、作り上げられる世界とも言えるだろう」
サヨ「いつか……いずれ、地球上の輪廻転生の輪から外れるときがくるだろう。宇宙万有万物の法則によって」
サヨ「それから、カヤ。お前一人でこの世を運営しているのではないのだぞ。取り違えるな。周りを見渡せばわかるが、すでに協力者は存在しておる」
サヨ「それから、これは絵空事でも、空想でもないのだ。万物流転の法則に沿ったことなのだ」

宇宙真理・宇宙理論の法則に沿ったもの。関連ワード――↓天使・ユニコーンの羽。龍神様たち……。


サヨ「何らかのセミナー、ワークショップをやりなさい」

「協力者を求めてもよい。それから、そなたは、人と関わりを持ち、奉仕する役にあるが、もっと自分自身を慈しみ、大切にしなさい。そうすることによって、他者に対しても、同様になすことができるのだ」

「何事においてもバランスを取ることによってだが……」

とのメッセージであった。

★懐かしい宇宙の振動する感覚と共に——

一九九四年四月十七日の日記より

学生時代の先生の友人の案内で、初めてパンゲアへ足を運ぶこととなった。階段を上って二階（当時は金沢の街中にあった）。とても幸せな気持ちになった。パワーストーンなどがおいてあった。とにかく、すごい気の流れを感じる。しばらく忘れていたような感覚。また、行きたいなぁ。今、久しぶりに気の流れがよくなっているようだ。

石やいろんなマークの波動をすごく感じ、特に左手が圧倒的に感じた。その後、右手も感覚を取り戻しつつあり、左手とのバランスも大分取れるようになった。

ハンドパワーか。体外離脱して行ってくる世界、あれは本当だったのか？　その世界、ゾーンの扉が開いていている。開けてもよいのだろうか。

★テレパシー――一九九四年七月十三日の日記より

夜の十時半〜十一時の間のことだった。体がビンビンとして、体外離脱しそうな感じになった。容易に体から出られないと思っていたら、誰かが私の手を握り、両手両足を支えながら、ぐっと身体から出るのを手伝ってくれる。

そして、私はその人に、「あなたは誰ですか？」と聞いた。すると、ねずみ色の影が見えたかと思うと、その人がこちらを向いた。それと同時に光（水色や黄色だったか……）が射した。何て穏やかな、やさしい瞳をしているのだろう……水色っぽいブルーの瞳。少し白髪が混ざった、肩辺りまであるウェーブの髪。髭も生やしている。私は次の瞬間、「おじさん、おじさんは……」と話していた（おじさんと呼んでいいような気がしたから）。……この後のことは、しっかりと覚えていない。コミュニケーションを取るとき、言葉でというよりも〝テレパシー〟や〝思い〟で通じているのかなと思った。

また、いつも私の考えることを聞いてくれたりして、見守ってくれている存在なのだろう。

それから、気が付くと、私より背が少し低めのかわいらしい女の人が目の前にいた（半袖のTシャツなどの白っぽい服装）。周りに目をやると、どこかの事務室のよう。そこは光がたくさん射していて、壁はわずかでガラス戸がいっぱいのところ。何を話したのだったろう？　私は子どものように喜んで甘えたような気がする。

私はその人のことを誰なのだろう……と思っており、伝わっていたのか女の人は私に微笑んでいた。他に何人かのお客さん（？）がやって来たので、二人の会話は中断となった。その女の人は順番にお客さんの一人ずつと話をしていた。後ろから二番目に並んでいる人、現世で会ったことのある人だ。

私は待っているときに訊きたいと思ったこと、それは、

「私はおそらく四次元以上の世界に来ているけれど（そこで宙に浮いているのは私だけ）、あなた（その女の人）や他の人やそのお店の空間は、また別の次元に実在しているものな

のですか?」ということ。

私を知っていたのは、どうやら、そこではその女の人だけのようだった。そして、私はその人の顔を見て雰囲気を感じた。〝この、人なつっこい様子、顔立ち、体の感じ……〟

私は言った、

「あなたが誰だかわかりましたよ」と。体外離脱中の出来事についての記憶はここまで。

そして、目を開けたときにとても穏やかな気持ちになっている自分に気が付いた。

★惑星間の音の調べより——一九九七年十月二十五日の日記より

ある日の午後、急に眠くなり、横になったとたん体外離脱した。窓から外へ出てワープ。私の体外離脱体験の映像の中で、他の次元間を抜けどこかの惑星内へ入る。気が付くと、どこかの家の中にいた。そこでは、家と隣接するお店の空間がつながっており、人が出入りするようなオープンな雰囲気。その中を歩いてみた。私は中身だけの（四次元以上の世界の）体外離脱中だというのに、そこの人に気付かれており、二人の女の人（五十歳前くらいの人と、三十五歳くらいの人）に螺旋階段のあたりで、「あっ、ちょっと」「待って」と声をかけられた。
女の人「どこから来たの？」
私「地球、地球です。太陽系内の」
私「太陽系や銀河系などというような表現をするとしたら、ここは、どちらの星系で何と言う星ですか？」
女の人「ドイツ・アゲインという星よ」（これは定かではないような気がする）
女の人「さあ、こちらへどうぞ。お通し致します」
私「待って。星の名前、忘れないようにメモを取るから」（……どこからか手帳を取り出す）
私「でも、こういうのって書いたつもりでも、あとで開いたときに残っていないのですよね」（書いてもなぜか消えていたりする）
女の人「私もそういう経験があるわ」

エスカレーターを上ったところで、高床式倉庫のような小部屋のような空間（ネイティブ・アメリカンの雰囲気もある）。そこには、何人かが集まっていた。ムシロか何か敷いてあり、ランプ、垂れ幕、たんすなどが置かれてあった。
ハープのような楽器を手にした女の人が目の前に座った。〝髪は長く、服装は巫女さんやシャーマン風で、三十五歳前後の人？〟楽器は琵琶や竪琴のようなものだ。彼女の名前

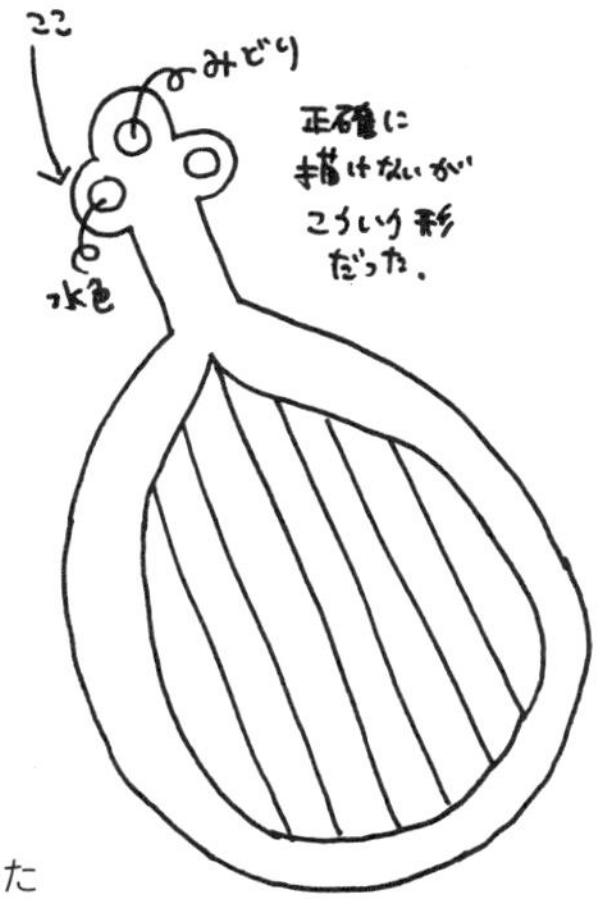
ここ
みどり
正確に
描けないが
こういう形
だった。
水色

ルーラの手にしていた
ハープのような楽器

はルーラ。

※ルーラとは、未来世にあたる次元に存在する私の名前でもあるようだ。

私「こんにちは」

その人はニコッと微笑んで、

ルーラ「ようこそ、私はあなたが来ることをわかっていましたよ。ここに映るのを見ていましたから」と言う。

※ここはイラストの〝ここ〟を参照のこと。

この人が主体となって、他の二人との三人で奏でているそうだ。

ルーラ「私たちはこれらの音を奏でて、地球へメロディーを送りだしています」
ルーラ「これを元にして、あなたは書き取っているのです」次に書き取る予定の曲の出だしをポロンポロロンと弾き始める。
ルーラ「……と鳴っているでしょう」
そして、その曲の楽譜を見せてくれた。七枚綴りくらい。〝これを見たところでどうすればいいのか。聴いて覚えていくしかないではないか〟
私「またこの先、送られて来るメロディーを自分なりに受け取り、地球上で表現して行けばよいのですね？」
ルーラ「そうなりますね。私たちの役割は、惑星上に音の調べをもたらし、宇宙内の次元や空間に、調和をもたらすことなのです」

〜迷うことなく表現して行きなさい〜
それが私の役目の一つとのことだ。私はそことのしっかりとしたつながりを感じた。三つの楽器のうちの一つが竪琴のようなものだ。あとの二つは何だっただろう？……歌と打楽器だっただろうか？　このような三つの楽器を合わせることによって、歌の調べにおける、何らかのバランスが取れるそうだ。

さて、この星系は一体どこだったのでしょう？

★記憶していることによって——一九九四年十一月二十四日の日記より

私の人生は、この先、どのように展開していくだろう。

地球は、この先、どのように展開していくだろう。

宇宙は、この先、どのように展開していくだろう。


私は目醒めたいという思いを持っている。知っていることの全てを思い出していこう。

私は誰しもに、そのような様々な記憶があると思う。何よりも大切なことは、この地球上で、今の自分の人生をどう生きるのかということ。その人その人なりに活動し、目的意識を持って歩んで行けるとよいものだ。

私の場合は、これらの記憶によって、今、私がここに存在することを感じられるお陰で、落ち着いていられるところもあるのではないかと思う。

★環境汚染？　きれいな水を――一九九五年十一月二十六日の日記より

ある日曜日の朝に一度目を覚まし、一時間ほど寝転がってから体外離脱を試みた。すると、前にも行ったことのあるところに着いた（この場所は今回で三回目くらいになる）。そこには電気製品などがいろいろと置かれてあり、螺旋状の短い階段もあった。いくつもの部屋が続いており、向こう側に見えるのは学校のような建物。教室もあった。

近くに三人の人がいた。どうやら別次元（？）の地球のような場所。そこの人と話をしながら、街の中を見て歩いた。そこで気になったことは、かなり環境汚染されており、そこの人に、

「まともなお水が飲めない。そちらの地球のきれいなお水を持って来てくれ」と頼まれ、

私は、

「本当に持って来られるかどうかわかりませんが、持ってきます」と、夜空へ飛び立った。

森の中を通り過ぎる時に、花火のように何色もの光線が飛び交うのが見えた。そして……はっきりとした経過を覚えていないが、こちらの身体へ戻り、もう一度スーッと身体から出て天井のあたりまで行き、先程の世界へ戻る。どうやって運んだのか……私は両手にポリタンクに入れたお水を持っていて、大・中の二つの桶へ注ぐ。[大]のほうは汲んでも汲んでもお水がなくならないという桶。そして、そこから立ち去った。

そのあと、気が付くと、どこかの和風の家の中を男の人と歩いていて、その人の顔もよく見ることが出来た。その人はよく知っている人だけど、誰なのだろう？　いつも側にいる光の存在？　この先、出会う予定の人なのだろうか。年齢は私と同じくらいか、少し年上くらい。しばらく一緒にいることが出来たが、私の気持ちの動きで踏み外したようになり（波長を合わせられなくなり、そこの次元空間からずれる）、向こうの世界から離れることになった。お別れの挨拶をする暇もなく、その人にしたら、

「あらら……」という感じだろう。

この体験は、現在の地球における環境のことを伝えようとしているのかもしれない。

いろいろな延長線上に様々な可能性の地球が存在していて、未来は創造し得るもの。そのような様々な可能性がある中で、どのような方向にもなり得るようだ。私は地球の未来の、ある可能性を垣間見てきたのかもしれない。

青く水の澄んだ惑星であるように願いを込めて……。

★青く美しい地球

――一九九七年二月九日の日記より

身体の中でグッグ～ッと変化が起こる。やがて、私の右側にいる光の担い手であるもう一人に掴まって、身体から抜け出て飛んだ。目を開けてみると、掴まっている手がよく見えた。周りは薄暗い。そのあと、いくつかの色を見たのかもしれない。光線、プリズム、通り抜けていく異次元空間……。間もなくして、どこかへ到着。

気が付けば、私たち二人はそこの星の人とおしゃべりしていた。私は連れの存在のことを、そこの人に、

「この方は、私を守護してくれているんです」と言っていた。

それから〝あ、向こうに青い惑星が見える‼〟と思った直後、〝そうか～〟と思い、その人に、

「ここは月ですね」と言った（他に近くに二～三人いた）。そう、向こうに見えるのは地

球なのだ。〝とってもきれい〟

飛んだのは、地球から月くらいまでの距離だ。

月からの地球観察隊の基地みたい。

なお、地球からは普通の観測方法では、キャッチすることは出来ない。

隊員は、白っぽい宇宙服を身に着けている。

〝どこにこんな場所が？　普通の月の写真には写っていない初めて見るもの。どこに入り口があって、どこに人が住んでいるのかなぁ〟と思った。と、いうよりも、どこかの星の人がやって来て基地にしている感じがした。

そのあと、周りが真っ白になり、スクリーンが現れて、上映会の終わりのように文字が流れた。

〝ん？　スクリーンを見ていたのだろうか。上映会？　しかし本物の地球を先ほど見たはず。それがよほど高度な仕組みというなら、話は別だけど……〟（その後、周りの人たちがロケ地の後片付けのようなことをしていた）

それから、研究所の内部を守護ガイドと二人で歩いた。そこの先生は十二人はいて、そのうちの一人の白衣姿の人にお話も伺った。

私が今回の体外離脱中に覚えているのはこのくらいだ。私と一緒の守護ガイドの顔もよく見ることが出来た。彼は中性的な雰囲気で、髪は短かった。一緒にいて力強く安心だった。背丈は私と同じくらいか、少し低いくらい。ところで、月は月でいろいろな存在が集まるようだ。

テーマは〝地球〟で、様々な存在が関心をよせ、注目され協力もしてくれているのであろう。姿形だけではなく、ものごとの捉え方や感じ方が異なるため、彼らの中には地球人を見て、驚く存在もいるかもしれないと思った（しかし、その気持ちもわかる）。すてきな宇宙旅行だった。宇宙空間から見た地球はとても美しく、感動した。

★音によるコミュニケーションについて——一九九六年十一月二十二日の日記より

今朝、目が覚める前の時間帯に、ゴオ～ッと身体から抜け出た後、気が付くと私の右隣に他惑星の女の人がいた。前にも見たことのある、少し崩れかけた建物が並んでいるところを通った（そこは、東京だとか……?!）。それから、ひと昔前の学校のようなところへ行った（私の曽祖父母ぐらいの頃なのか）。私はその女の人とずっと同行していた。家にも一緒に入り、何人かでアンケートなどの記入をしていたが、そこでその人は、他の人には見えない（感知出来ない）が、私にはわかるという状態だった。

私が「写真を……」と言ったところ、

彼女に「写らないから……」と断わられた。

私も「やっぱりそうだよね」と言っていた。お名前を伺ったが、答えてもらえなかった

（その時、彼女は微笑みながら少し困ったような顔をしていた）。

彼女は目はぱっちりで髪は長め。それはどちらかと言うと光の色だ。全身から、黄金色を放っていた。そう、まるで光の存在。今の人間をもう少し超越して、進化したような感じ。どうやら向こうから数えて、三代か四代前くらいにこちら（三次元の地球）にいたらしい。もしかすると、彼女は私と同一人物なのかもしれない。


～朝、目が覚めてから思ったこと～

今朝、お会いした人は誰？　私のフューチャーセルフ（未来世にあたる表現）だろうか。それとも、この間の体外離脱中の夢の中で出会ったドナ・ドンク（彼も印象深い人で、私の宇宙ファミリーであろう）という名の宇宙連盟の人？　私も含めていろいろな人および、存在がこれに所属しているとのことだ。

そして、この日の夜、今朝の女の人（名前はルーラ）からメッセージを受けた。

ルーラ「私たちは宇宙連盟の特派員です。ただちに指令を遂行せよ」

〝どこか私とイメージが重なるところのある人だ。それは分身でもあるから？〟私たちは以前からそれに加盟していて、宇宙連盟特派員の地球部隊だそうだ。なるほど。
※分身とは……違う星や次元において、意識を共有しているところがあるとの意味。
ルーラ「音楽は言語表現を超えた音によるコミュニケーション方法です」
私「そうですね」
ルーラ「絶えず、音を奏でること!!」
ルーラ「その中で、発見があり、喜びがあります」
私「その通り!!」
ルーラ「自分らしく生きることが任務の一つ」（それは自己の内側に神聖なものを見出すこと）
「宇宙なる法則の二つめは、人との関わりを持ち、周りの存在に奉仕して生きることです」

そして、三つめ。

「ここからが、これらを踏まえてさらに重要……宇宙のしくみ、流れを知り、他惑星の存在と交信すること。彼らから必要な情報をキャッチして、周りに伝えていくことです。彼らと接触し、まず、受け取ることから始め、さらに情報交換が出来るとなおいいでしょう。それらが地球への貢献となることでしょう。また、あなたは地球外からやってきた者としての自覚を持ち、地球人としての感覚を併せ持ち、異星人同士がこの宇宙に存在し、つながりを保っていることを理解する必要があります」

ルーラ「もっともっと自己探求し、自分自身の内奥を見つめ、人とのネットワークを広げること。それはいろいろな星の存在からの伝達を信用し、彼らとのつながりがあってのことなのです」

ルーラ「安心してついてらっしゃい」

ルーラ「それは信じることにあります。私たちは愛を持って接することを基本としています。真実の愛とは何か……本物の感覚を見つけていきましょうね」

ルーラ「人と感動を分かち合いましょう」……などのメッセージを受けた。この様な、浅い睡眠時のドリーム・コンタクトだった。

人は睡眠中に様々な情報を受けているようだ。その情報キャッチを意識的に試みることで、やがて、それらを記憶して書き留めることも出来るのではないかと思う。

★円盤旅行

――一九九六年二月五日の日記より

身体から抜け出た後のこと。弟そっくりの姿をした存在と一緒に円盤に乗っており、離陸して星間までずっと飛ぶ。

最初に気が付いたときは、船内からガラス状の窓の外を見ており、そこから外に見えるのは、まるで地球のような惑星……と思った。夕焼けのような薄いオレンジ色の地平線、やがて、星が幾つも見え始め、その弟みたいな人に、

「ねえねえ、外見て。きれい!!」と感激して声をかける。それから飛行。

わりと小型の宇宙船。足元は床のようで、周りはほとんど窓ガラスのような造り。まるで円盤型の構造の部屋のように見えた。高度が上がってからは、かなりスピードアップして浮上。これを二回、つまり、二回の停止状態からぐーっと移動して飛行した。そのあとも、体験の中で何かあったが、何だっただろうか。

次の記憶より……小型円盤の中央に操縦するところがあり、なんと彼と二人で向かい合わせに座るようにして（ちょっとした壁のようなしきりを挟んで）飛ぶ形になっており、私自身も操縦して勢いよく飛んでいた。

円盤中央に操縦システムルームがあった。弟のような波動の持ち主のその人は、まるで弟本人のようだったが（私を安心させるために、その姿で現れたのであろう）、実際は違ったようだ。彼は薄いシルバーの宇宙服を身につけ、髪は薄茶色のショートカットだった。落ち着いた様子で、私の話し掛けに対してやさしく微笑んでいて、やがて何か語り出したのだった。

あれは普通の夢だったような……それとも、どこか別のところに行っていたのかもしれない。例えば、ワープして昔のどこかへ行ったりなど、まるで時間旅行をしたような感じもあった。未来にあたるエリアへの次元間旅行についても、同じことが可能だといえるだろう。それから、薄茶か黄金色の髪の宇宙服の女の人もいた。どこか私と通ずるところのある人だった。
※ここで言う未来とは……地球では三次元世界なので、時間が過去から未来へと流れているという視点において。また、他の次元においての時間間隔は同時に今、ここにあるという捉え方によってである。

それから、さらにトリップした。また別の宇宙船の中に私はいた。そこではネイティブ・アメリカン風の男の人と行動していた。私のそばには他に、守護ガイドさんがいた。その船内には、皮膚が少し青味がかった白と乳白色の混ざったような色合いで半透明の人間型の知的生命体たちがいた。私はその種族の人に手のことを尋ねられ、私の右手とその人の左手の長さを比べた。なんと、その存在の手は、手が長めの私の手よりも指の長さ分も長かった。

手の長さ比べをしたとき、少し違和感もあったが、共通するところもあると思った。そこには、このような手の長い種族もいた。

★プレアデス星団へ向けて——一九九五年十月二十三日の日記より

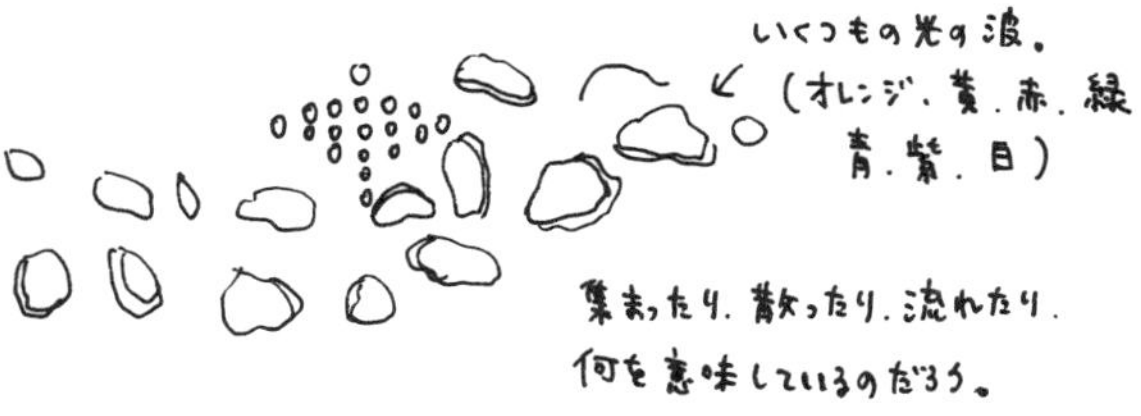
いくつもの光の波。
(オレンジ、黄、赤、緑
青、紫、白)
集まったり、散ったり、流れたり。
何を意味しているのだろう。

いくつもの光の波を通り抜けてワープ

身体から出て、天井を抜け出る。幾つかの天井と天井裏をさらに抜けると、数分前に夢で見ていた光景と重なった。それから、少し時間がずれた自宅での母や自分（その時間軸の）と出会った。体外離脱中の私は言葉を漏らさないように、気配を感づかれないようにしたが、向こうの私はこちらに気が付いたかもしれない。……その後、プレアデス星団へ向けて大空に飛び立ち、ワープした。

星団の中では入り口側の星。白い建造物だ……。

カウンターに椅子があって、四人くらい座っていた。本やその星のパンフレットを見せて頂く。

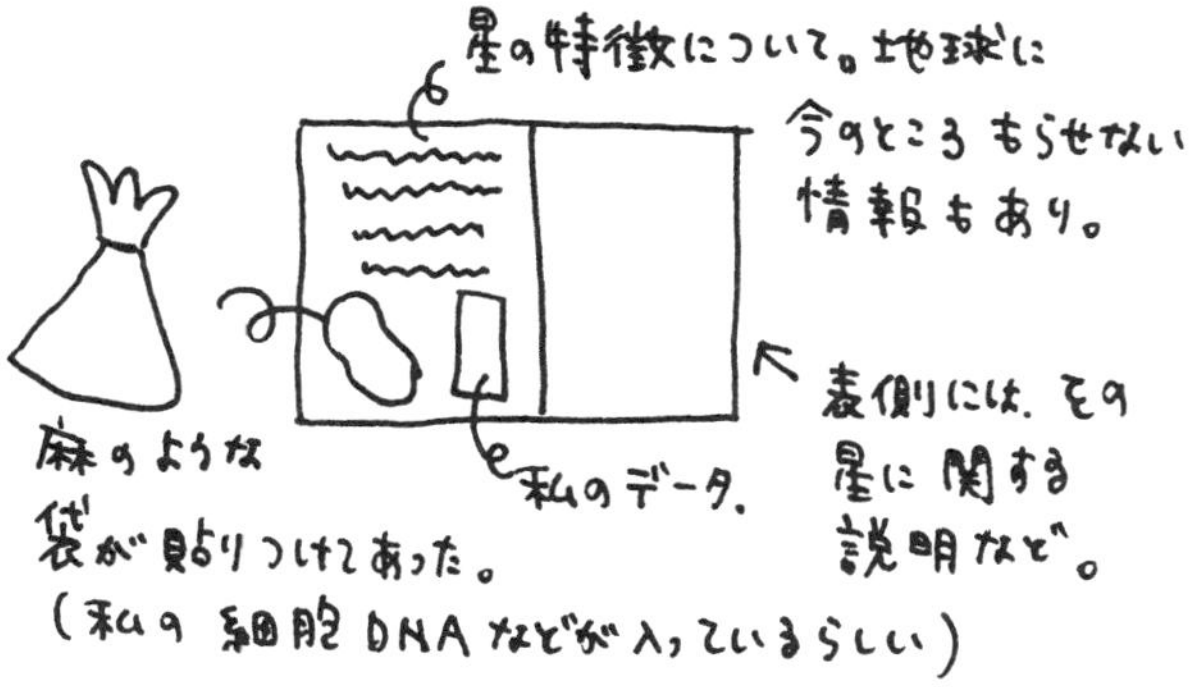
星の特徴について。地球に
今のところ もらせない
情報もあり。
表側には、その
星に関する
説明など。
麻のような
袋が貼りつけてあった。
(私の細胞DNAなどが入っているらしい)
私のデータ。

もらってもよいか聞いたところ「ダメです」と言われた。

そのパンフレットには……なにか検診結果が記入されていた。カウンターには係のヒューマノイド（人間型宇宙人）がいた。実験室での記憶はかなり消されているが、青水色っぽい光線や、赤オレンジっぽい光線を使っていたことを何となく覚えている（そこでは光を扱っていた）。

そこには、ヒューマノイドではない者（人間型宇宙人ではない姿形の者）もいたようだ。

〈ここはアーチェチョトです〉と、パンフの端のほうに、黒字で書かれた文があって、その中に、赤字で星の名が書かれてあった。

〈会話より〉

私「本当だったんですね（地球以外のこういった星団に知的生命体が存在していることが、という意味）。帰ると忘れちゃって」と嬉しそうに言う。

私「ほかのプレアデス星団の中で、私たちが行くことになっている安全な星はどこですか？」

係の人（白衣を着ている？）「もう少し行ったところにあるが、中には危険な場所もある。しかし、中でもここ、この星はいいところだよ」

係の人「次の検診は一月だ」

今回は人類の遺伝子の提供、もしくは検査を受けたようだ。地球人のＤＮＡには貴重で豊富な情報が（ほかの宇宙人種がなくしかけた遺伝子上の記憶も含めて）組み込まれているので、同意によって、少々提供することもあるのだろう。また、彼らによって、様子を見てもらっているとも言えるだろう。

私に詳しいことはわからないが、過去からの（地球の時間軸上での表現をすれば、時間が過去から未来へ流れているという捉え方において）様々な宇宙人種の起源における、幾度にもわたる交配の結果が今にあるようだ。宇宙人同士の助け合いとなるならいいだろう。

★多次元存在の自己について――一九九五年十月十日の日記より

これまでのことを整理してみて……このところマヤが気になっていたこと。十月三日の体外離脱の時に、飛行中に見た古代文明勢ぞろい＆ハイテクの星の映像。未来（?）の私のことや古代文明に関してなど、過去を思い出して来ており、それらに関心を寄せてきているいること。思い出しの過程で（もちろん日常の生活を営みながら）、様々な混乱がここのところあったこと。

わかってきた。一つ前の転生がなにかというだけではなく、幾つもあるのだ。過去・現在・未来……と、どれがどうかと順番をつけようとして、思い出そうとしていたことに気が付いた（それは、時間が過去から未来へと流れている、ここ三次元上の地球での表し方に過ぎない）。

転生体験（生まれ変わり）について、ある程度、順番をつけることは出来ても、無理があるだろう。幾つも重なっているのだから。それは自分が何人か複数いるような感覚だ。そうか……これ以上、年代順に順番をつけようとしなくていいのだ。つけようがない。どれもが同時進行と言えるからだ。

別の次元や時代の自分が、今の自分との気持ちのつながりや感覚の中で同時に存在しているとすると、この私とピントがとても合っているのは、今・現在に生きるこの私だと言える。それぞれの自分同士が影響し合っていると言えるだろう。

★二〇〇〇年四月下旬、ハワイマウイ島からM・Rさんと北米からR・Sさんが来日されたときのことより――二〇〇〇年四月二十七日の日記より

本当にこの転生においても、気持ちを新たにスタートすることや感謝することなど、発見や感動の繰り返しだと思う。

Mさんはチャネリングをされる女性の方で、一九九八年の十二月にも金沢へ来られたのだが、この度はパートナーのRさん（水彩画家）とご一緒だった。

知人の紹介で、私は今回、Mさんのグループ・セッションの他に個人リーディング・セッションを受けたところ、パートナー性についてのお話や、私の中のインナーチャイルドについての内容となった。

それから、お二人とお話ししたり、Mさんのチャネリングを受けたりするうちに、わかったことがあった。

※リーディング・セッションとは、メッセージを伝達する方法として、私の場合は、相手の守護ガイドから、私のハイヤーセルフと呼ばれる高次元の自己&守護ガイドを通して、その人にとって必要な情報その他（過去世の内容も含み、直観による自己啓発的な内容も含むこともある）に関して、テレパシーと映像により、伝達する方法。
※インナーチャイルドとは、別名、内なる子ども。自己の本質的なところに当たるもの。

〈セッション内容〉

ハイヤーセルフ（高次元の自己）については、中国人時代の私と重なる印象だった。音楽に関わり、作曲をしていた。当時、早くしなければと焦っていたが、今はたっぷりと時間はある（今から二十年かけて成し遂げると言われた）。私の手掛ける（手掛けた）音楽はコラール（四声に分かれた合唱曲）。コーラスの他、管弦楽器（ソロ楽器）、打楽器セクションのバンド形式など……と言われた。

彼女（中国人時代の私、およびハイヤーセルフに当たる存在）は今・現在の私を通して、成し遂げようとしている。もちろん、今の私なりのアレンジを合わせてとのこと。

これまでは、電子オルガンで作曲した曲をコーラスやピアノや様々な楽器の音色と組み合わせ、打楽器の一つ一つの種類を打ち込んで、オリジナルリズムを作ったりなどして真剣に取り組んできた。

漠然とだが、これらを本物の一つ一つの楽器や歌声によって生演奏することができたらなぁと思っていた。これこそ、夢のオーケストラであるかのように。いつか実現するのだろうか、この世界において。

セッションの中で、守護ガイドたちは、次のように話していたと、Mさんは私に告げた。

一．ネイティブ・アメリカンのおばあさん（おばさん？）。彼女にいろいろと質問すればよいとのこと。

二．私の祖母（生きているが。そういうこともあるようだ）。

三．十六歳か十七歳くらいの少年。戦士か何か。この子が私の中にいるそうだ。多分、フランス人（これは、私が直接この子から聞いたことでもある。Mさんに聞く前から、この少年がそばにいることに気が付いていた）。

Mさんに「あなたのガイドは面白いね!!」と言われた。音楽、作曲を他の人生（転生）においてもしていたということで、何だか自信を持てたような気がする。それから、早く作曲をしなくてはと焦る必要がないということが良くわかった。なぜか、私は早く曲を仕上げなくてはと焦っていたのだ。いろいろと確認ができて良かった。

この一ヶ月後、当選したエールフランス往復航空券で母とフランス旅行へ行き、そこでも少年の存在を確認。私自身にとっても懐かしく、とてもゆかりのある土地のように感じられた。少年は小さな男の子のような姿になり、祖国フランスへ帰り、喜んでいるようだった。何かが解放されたのだ。

★私のつぶやき――一九九六年十月十六日の日記より

私は本来、一人ひとりが様々な形で内側からのメッセージの受信者であり、発信者でもあるのではないかと思う。また、知らず知らずのうちに直感で（時々、それを忘れるが……）行動することもあり、自然と生活の中に取り入れていることもあるだろう。それは、人間にもともと備わっているものだから。

一番大切なことは、いかに人間らしく在るかということ。人間とは何だろう？　今を生きることだと思う。普段の生活や人との関わりの中で、このような様々な記憶や体験を役立てることができれば、それでいいのではないだろうか。

ただ、これまでメッセージとして書いてきたことも、普段の生活と同時進行中であり、私の中ではこれらも真実なのである。そういったことも含めて、いかに生活するのか、いろんな情報があふれる現代の中で、何を選択するのかは、人それぞれなのではないだろうか。真実はどこにあるのかな？　それは自己の内面、奥深くに……。

出産の日の朝のエピソード――二〇〇一年十月五日の日記より

二〇〇一年（平成十三年）十月五日午後十一時五十二分、長男R誕生。

十月四日の夜の息子Rからのメッセージ。
「ママ、ぼくにまかせて。そんなに不安がらないで。大丈夫だから」
「怖がらなくてもいいよ。何ともないよ」お腹が張ったり、戻ったり。

お産のイメージ（十月五日朝の日記より）
一　ハイヤーセルフの介助。月の引力。月と地球との関係。天使たちのざわめき……。海の漂いの中へ身をまかせてしまうことだ。あのずっと漂っていると酔ってしまいそうな海に波長を合わせること。

二　海は生命の大いなる源、胎児は羊水という海の中にいる。陸にいる生命はもともと海にいた。海から陸へ上がる瞬間、それはとても奇跡的で神秘的な体験。出産、この地球上の何千・何億という営みの中から湧き起こる、時代を超えたエピソード。

三　もう恐れない、恐れない。恐れてはいけない、恐れる気はない。少しずつわかって来た。これがお産のイメージなのだ。

四　今はその波に乗って漂うための練習時間のようだ（弱い陣痛時）。海の漂いに呼吸を合わせて乗っかること。海は本来、身をゆだねてもいいところ。あらゆるものをも含む、母なる地球の母なる海。だから、胎児は羊水という海の中にいるのだ。

五　お産のイメージは海の漂いだ。月や海に対するイメージがどうかによって陣痛の受け止め方・お産も違って来るのではないだろうか。

生まれた翌日のこと――二〇〇一年十月六日の日記より

午後一時に面会に来られた人たちが帰るときに、「Rくんバイバイ」と言うと、二回くらい手を上げて振るような仕草をしたようだ。息子Rが生まれてから十三時間と十八分。

十月五日午後十一時五十二分に生まれた、R。すごいね。小さめだけど、しっかりした感じの赤ちゃん。生まれる前の産道の中でもドクドクとても元気な鼓動だった。お産のあとの方（夜の七時半から強い陣痛）は私は叫び続け、腰が痛くて（痛いという表現どころではない）大変。

赤ちゃんの髪の毛が見えた（少し触れてみる）ところまで行って、出て来るまで（ここで夜の十時）二時間近く。終わりの方でもう力が出なくなって来て、ここで少し（余裕はなかったが）犬や馬のようなお産のイメージをしてみて、何とか……だった。

頭の先が会陰にひっかかり↓次の耳まで↓首まで（ここまでが大変だった）↓ここから先は赤ちゃんが自分で出て行くところなのでよかった。順番に出て行き、足の先までつるりんと出たのがわかった。

赤ちゃんが回転しながら頭から出てお顔が見えたとき、担当助産師のHさんの「かわいい〜」という声が聞こえた。

へその緒がつながっていて↓切る。私のパートナーも少しずつ切っているようだった。胸の上へ赤ちゃんを乗せてもらった。呼吸が大変そうで、しばらくして落ち着いた様子。出て来た胎盤も助産師のKさんに見せてもらった。

赤ちゃんが産道から抜け出た直後、
「おぎゃあ、おぎゃあ」と赤ちゃんらしい泣き声。そして、
「ほぎゃっ、ほぎゃっ、ほぎゃっ、ほぎゃっ……」

〈午後一時十分。H助産院にて〉

当時を振り返って

——二〇〇二年六月五日の記録より

助産師のIさん、Kさん、Hさん、パートナーH、実家の母にサポートしてもらってのお産。畳のお部屋でいろいろなポーズを取っていた（横向きがよかった）。陣痛の途中の五時半から六時頃に入浴もあり、痛みが和らぐリラックスタイムとなった。

中程度の陣痛の内（五時半頃）なら、階段でのスクワットのポーズも効果的だった。

〝皆さんお疲れ様でした。どうもありがとうございました（今もおっぱいのマッサージでお世話になっているけど）。Rもがんばったね〟

十月六日お昼前、Rは初めての母乳。吸う力がしっかりとしていて、とても上手。あれから、はや八ヶ月。歯が一本（続けてもう一本）生えて、一ヶ月前からお座りが上手になった。お話好きなR。おかゆなど喜んで食べて、いつも元気いっぱい。スクスク育っているようだ。ニコニコ笑顔もかわいい。お散歩も大好き。最近、寝返りも打てたところで、私のピアノに合わせてお歌も歌うRだ。

妊娠したときのエピソード——二〇〇一年二月二十一日の日記より

午前中、パートナーと産婦人科へ行って来た。小型カメラのようなものでお腹を映すと、テレビのモノクロ画面に胎児が映った。今ではこのように見ることが出来るのだ。赤ちゃんの心臓らしきものが見えたような。ドクンドクン……と規則正しく脈打つ音が聞こえた。もうこんな時から、一生ず〜っと心臓が動いているなんて感動ものだ。生命の神秘を感じた。

五週目と五日。とても元気な状態。便秘になりやすく、ボコボコいうのは子宮の方の働きが多く、腸が以前ほど活発ではないからだそうだ。腰痛は胎盤が作られているからだとか。それらは子宮内の状態に合わせてのことだ。

子どもは幸せを運んでくれる存在だと思う。あ〜、本当なんだね。私のところへ、私たちの元へ光の存在（?）が来てくれるなんてうれしい。これはここでいうところの現実世界に起こっていることなのだ。

〝神様……的存在へ（一応、総称のつもり）ありがとう。私たちに子ども、すなわち、新しく生まれ来る生命を授けて下さって、ありがとうございます。うれしいです〟

私たちの子どもとなる予定のスピリットは今、すぐそばにいて見ているようだ。

妊娠六ヶ月頃のエピソードより——二〇〇一年六月十日の日記より

夢の中のことより……朝、ククの花って？　私たちはめぐりめぐって、懐かしい地球へ還って来る。人と人はサークルの中で、宇宙の営みの中でめぐりにめぐっている。赤・オレンジの辺り一面の蓮華の花。黄色いキンポウゲの毛がポウポウと飛ぶシーン。

あるワークショップ中の昨日、引いたエンジェル・カードは勇気。グループのカードは強さ。

私自身が、地球へ生まれてきた勇気。

お腹の子が、地球へ生まれてくる勇気（息子および、今後生まれ来る者たち全員のこと）。

今、私が必要としているのは勇気。そのことを思い出し、この頃、その勇気が欠けていたことに気が付いた。ほんの少しの勇気でも何かが出来る。そして何人かの勇気が集まれば……。

私たちは統合へと向かっている。この宇宙の営み、地球のサークルの中で。人間一人一人が、地球上の全存在が。全員という言い方には少し間違いがあった。それぞれに見合った場へ移行するのだそうだ。

息子（当時、生後十九日）から伝わったこと

――二〇〇一年十月二十四日の日記より

Rはおっぱいをくわえたまま眠っている。続けて伝わってきた映像より。

渦巻きの銀河↓それを見ながら、Rや私を含めて、四人くらいで（もっとたくさんかも）飛行中。↓ブラック・ホールの図。赤・オレンジ・青・紫・茶などいろいろな色ごとに中心へ向かっての流れがある。

〈R（またはRの守護ガイドさん？）より〉

いろいろな星や生命の素がここにあるということ（Rは小さな羽をつけてパタパタ飛んでいる）。そこへ思い切って飛び込もうと思ったところ、もしくは引き寄せられるところへワープ可能。

↓ワープして太陽系が見え、地球へ接近。Rたちが見送り（「あとで行くよ」と言っている）、現世のパートナーが私より先に降りていく（ここでは時間が直線上に流れている。今の地球と同じく、過去から未来へ）。↓↓↓↓↓↓↓↓↓↓↓
↓↓

降りていく、降りていく、落ちていく。見送ってしばらくして、私が地球へ降りていくシーン。赤ちゃんの姿。光の輪に包まって、緩やかに回転しながら降りていく。地球へ近づいていく。

↓突然、ドーンと落ちていくような感覚。突然、真っ暗。不安になるが……。ここは、母親の胎内だったのだ。やがて、話し声や笑い声などが聞こえてきて、そこでの居心地に慣れていく。何だか楽しそうな感じもする。そうこうしている内に、胎内で成長していって、やっとの思いで誕生というわけだ。

〝あ、Rはいつの間にか寝たのね。おーい、今、どの辺を旅しているの？　私は緊張（母親になったこと、育児が始まったことの）を解くよう気を付けるよ。すてきな映像をありがとう。宇宙銀河も太陽系も地球もみんなきれい。うっかり忘れてしまいそうになるけど、私たちは皆、もともとは宇宙存在であり、宇宙の一員であり地球の一員。〟

〝R、まだ清らかなあなたを通して、伝えることを手伝ってね。伝達係さん。私よりもずっと、的確な感覚を持っているものね。地球へ降りて来たばかりだもの〟

〝ところで、Rは誰に見送ってもらったの？　兄弟、Rの子どもになる予定の存在？　パートナー？〟

数々の転生シーンが重なり合う映像と共に。

子どもなる存在を通して、その1——二〇〇一年三月二十八日の日記より

今日はおヘソの裏がつ〜ん、つんつんと引っ張られるような感覚。胸からお腹にかけて少しムカムカする。喉の奥は何か電気性を帯びたものが混ざり合って、こみ上げてきそう（妊娠3ヶ月頃）。

この後、〝吐く〟に近い気持ち悪さの中、子どもなる存在と対話しようと試みた。彼はこの地球の太陽系の外惑星に位置する（位置していた）星にいて、その惑星は木星の外側の軌道に位置していたもの（木星の衛星と言われるイオ。別名マルデクという呼ばれ方もあるらしい。大昔の地球のもとになる地球を含んでいたとの説もあるが、それはいろいろな次元に存在する・存在していた可能性があるからだろうか）。

そこは、今は四次元上のもの。三次元世界だった頃は、何らかの衝撃を受け、木星とのバランスを失い、現在は、小惑星帯としてその残骸が残っている。

※実際は核戦争による放射能汚染の可能性もあったようだ（地球上にかつて起きたであろう古代核戦争と同じく）。彼（お腹にいた息子R）自身、戦争はもう結構で、平和と精神的安定・霊的成長を求めている。しっかりとした目的と意識を持ってやって来るそうだ。

う〜ん、これを聞くと、私もそのような志で来たのだったことを、うっすらと思い出しそうになるなぁ。

子どもなる存在を通して、その2

――二〇〇一年四月十七日の日記より

何かの本で読んだのだったか、胎児は五ヶ月頃から魂（その意識体）が出入りして、七ヶ月くらいでお腹の中にいる時間が長くなるというふうに思っていたが、そうではなくて、受胎の時から新生児期までの間の魂の出入りというのは、そんなに変わらないのではないだろうか。

ただ、七ヶ月くらいでその大いなる存在はこの三次元物質世界の身体と適合しようとし、霊的感覚をよりシンクロさせて、同時にこちらの世界に存在すると言えるだろう。その内に、こちらの世界に重点をおくことになる。結局、私たちも平行宇宙の中で、何人もの自己をシンクロさせている同時存在と言えるのだ。

妊娠初期は気持ち悪くなりやすいが、高次元の感じに合わせられる範囲で、波長を合わせようとすると、とても清々しく心が澄んだ感じになる。子どもなる存在が自由に行き来している次元空間。そこへ波長を合わせるとスウッとして、フワッとして、そちらの方がずっと楽に感じるくらいだ。

三次元空間の中での感覚のみで、それらについて強く感じているとつらい。何とか胎内を通じてつながっているものの、胎児とのつながりの中でギャップが生じることが多々あるから。

ああ、さっきからエネルギーの流れというかオーラフィールドが広がったりして、大きく、温かく、やさしく、力強く、揺らめいている。自分とは何だろうという自分探し。本当の私とは？　焦らないで。することがたくさんで……と考え、大変と思ってしまうけど、慌てないで。

そう、一人になる時間を持ちたい。この頃、そういう時間が少なくて。私にはそれが必要。自分と向き合える時間を大切にしたいものだ（妊娠四ヶ月頃）。

※オーラフィールドとは……身体を取り巻く一種のエネルギー媒体のこと。それをオーラと呼び、その領域のこと。

§Ⅱ　列島探訪編

一九九五年秋に九州の天岩戸《あまのいわと》伝説の地を訪れたのを発端に、数年かけて著者の岩戸探しの旅は始まる。夢の中や行く先々での啓示とインスピレーションをもとに、日本各地の北海道から沖縄までのいくつかの土地を気持ちの赴くままに訪れ、気場調整を図ると同時に、著者の管轄エリアの白山神界に住居を据えながら、毎年の白山登山を続ける。

東北では行く先々で、芭蕉の石碑と出合いながら、やがて「戸」のつく地名を追いかけていくこととなる。特に著者は住まいの金沢の次に、青森の気場が肌に合う。

初の一人旅にて

一九九五年十月九日の日記より

おはようございます。

〝ドリームにちりん〟で延岡に午前五時三十分到着。これから六時三十分発の高千穂鉄道で高千穂へ向かう。延岡で降りた瞬間、白山の上の方の空気とどことなく似ている……と思った。親しみを感じるような空気。あと一時間三十分で高千穂だ。

〈朝の記録より〉

今日は高千穂峡のあたりと、天岩戸神社へ行く予定。電車は朝一番発だからか、ほとんどお客さんはいない。雲がとてもきれいで、光が差している。神話の中のような雰囲気だ。九州は、一味違うね。〝ようこそ〟と言ってくれているようだ。〝お招き頂きありがとう〟

私は故郷の石川県外に出て、これほど他の土地がいいと思ったのは、これが初めて。足を運ぶ先々では過去世においてかつて関わったところや、ゆかりのある土地へ訪れることになるようだ。ここには、私のかつて過ごした生涯の思い出？　が息づいているかのよう。

〈午後四時九分の記録より〉

行ってきました、高千穂へ。徒歩で高千穂神社と高千穂峡とを回った。その後、バスで移動して、天岩戸神社へ行って、八百万《やおよろず》の神々の河岸がとても神秘的で感動した。

岩戸の方は神域で、何人かの人と一緒に宮司さんに案内してもらった。天岩戸にあたる場所は、神社のすぐ裏の河岸の向こうに位置していた。

「戸」（外されたもののこと）は長野県にあるとか。宮司さんの説明では、戸隠《とがくし》と出て来て、川向こうに向かって手を合わせた。その他、ニギハヤヒの神などが祭られている神社が四つくらいあったが、時間の都合で行くことは出来なかった。

高千穂峡の滝、川の流れ（急なところと、緩やかなところとあった）がとてもきれいだった。お天気もとても良く、木漏れ日がパラパラと粉雪のように差し込み、落ち葉もキラキラ降っていた。

八百万の神の河岸では、でっかい岩があり、歳月をかけてくり抜かれた空洞になっており、とても神秘的な雰囲気だった。かつて神々（……と呼ばれた存在）が集まっていたシーンが見えてきそうだった。細かい石がたくさん、洞窟内一面に積み上げられてあった（時代を超えて、これまでに訪れた人たちによるものらしい）。

鳥居をくぐる前に手を合わせ、入ろうとしたとき、額の右側にポタポタッとタイミング良く水滴が二滴ほど落ちて来た。その後、続けて、洞窟内のところどころに水滴がポタポタと落ちて来た。まるで、雨が降った後のように下はところどころ濡れていた。

時間短縮が出来て、夜行列車もいいものだ（よく眠れないこともあるが）。次回はゆっくりと来たい。九州は雲がもこもこもこもことして独特だ。でも、やはり遠いね、九州は。なかなか来られないが、また来たいものだ。今回は、あっという間だったが、どうもありがとう。小倉に午後七時五十八分に着く予定。そして、小倉→金沢行きの高速バスに乗り換えて、金沢の中心地の片町下車で朝八時五分に着く予定。

初の東北旅行

一九九六年三月二十六日の日記より

午後五時四十分、今、村上へ向かっているところ。ところで新潟って、随分と距離があるものだ（金沢駅から北陸本線↓信越本線と乗り換え、羽越本線にて、青春18きっぷで移動中のこと）。

車中で『東日流《つがる》外三郡誌《そとさんぐんし》』をようやく読み終えた。得るものもあったが、難しいところもあったかもしれない。今、〝かなづか〟という駅だ。

午後八時二十二分、山形県の鶴岡にいる。着いたのは午後七時五十三分。なかなか居心地のいい場所だ。武士の風などを感じる（武士に限らずだが）。食後は鶴岡市内の国民宿舎へ向かう。電車に乗りっぱなしの一日だった。

何だか、この土地にも、もう馴染んできたようだ。えーっと、何の旅だっただろうか？終わっちゃったのだね、幼稚園の先生時代。自分で決めたことなので、これでいいのだが、何だか信じられないような気もする。望んでいた通りの転職だが、子ども（園児）たちの存在というのは大きいものだ。子どもたち側にしても同じことだろうね。ごめんね、子どもたち、幼稚園やめちゃって。でも、忘れないからね。ああ、こういうつながりがいいのだよね。幼稚園みたいな職場って。

自分探しの旅は続く

一九九六年三月二十七日の日記より

日本海側、おもに普通列車での旅だったが、接続の都合で結局、酒田—秋田間では特急（午前十一時三十六分発）を利用した。これで、今日の内に岩木山神社に四十分ほどいられることになるので、良かった。今日も良いお天気で嬉しい。外の景色から青森へ近づくにつれて、雪が少し残っていることがわかる。

〈午後六時五十分の記録より〉

今日は岩木山神社へ行って来た。岩木山の雄々しい姿を見た。好きになってしまった。本殿の前の赤い門は、やさしい色合いの朱色だ。参道は長く、たっぷりと（歩いて五分くらいか）あった。鳥居は最初の方で三つくぐる。そのうちの一つが赤い鳥居。他は普通の石の色だ。

ご神体の岩木山を背に鎮座する岩木山神社

千八百メートルの遊歩道もあり、そこも歩きたかった。午後五時十分に着いて、六時五分のバスに乗り、宿へ向かった。今度、ぜひ登山したいものだ。神社の神水で手を洗って飲んだ。神水は本殿を降りたところ、右手前の一角にあり、畳三畳くらい？　のスペースに湧き出ていた。

そうか、ここも龍宮系（つまりムー系統なのか……その表現の仕方は様々だが）なのだろう。つぎは、その内、沖縄へ行きたいものだ。

※ムー大陸とは……レムリア大陸の中心部との説がある。

午後十一時半。八時半にこちら、大鰐温泉のK荘に着くなり、皆さんとのお話会になってしまった。ここは、ふつうの宿ではない（いつも、付近の人も温泉に入りがてら、わいわいと団欒ができる場。とても楽しい雰囲気なのだ）。

こちらは昨年八月に建てたばかりで、オープンしたのは十月だそうだ。いいね、津軽にも住んでみたいものだ。姉妹で九十三歳のお母さんのお世話をしながら、お宿の経営をされているのだそうだ。明日はその妹さんのほうの教え子の方（私の母くらいの年齢の男性で通称、私の〝津軽のお父さん〟お名前は、Yさん）に、ドライブに連れて行ってもらうことになった。私と同い年の息子さんがいるそうだ。こちらの姉妹の方をはじめ、面白そうな人たちだ。

明日は青森の三内丸山遺跡（県営野球場建設に先立つ発掘調査は、平成四年から）へ行く予定。今回はどうやら遺跡を見に来たらしい。ドライブはそれが終わってからだ。せっかく来たのだし、もう一日予定を延長して、明後日もこちらに泊まりたいものだ。それと、ここのお宿は予想通り、ピアノの置いてあるところだった。数人の方に『つがるの風』をまず、聴いてもらった。

※ここで言う『つがるの風』とは……著者の三作目の自作CD『A Wild Forest～原生林より～』（二枚組）の二曲目、みちのく紀行Ⅰに収録されている。

現地の人の感想は……津軽の祭りの後とか、〝つがる〟の感じがやっぱりするそうだ。よかった、津軽の人にそう言ってもらえて。

ここで、人との出会いを含めて何かの〝縁〟があるような気がする。わくわく。明日も楽しそうだ。予見どおり、津軽の〝昔話〟の本もお宿の人に借りることができた。本当にピアノが弾けた!!　少し前に作った津軽の曲を現地で弾いて、音を確かめたかったのだ。ありがとう。

津軽に三泊目

一九九六年三月二十八日の日記より

今日も盛りだくさんだった。青森の〝三内丸山遺跡〟を見てきた（そこへ行くためのバスの本数は少ない）。帰るときにバスに乗ろうとしていたら、そこにお勤めのある女性がちょうどお仕事が終わったということで、彼女に青森駅近くの〝アスパム〟（青森県観光物産館）まで送っていただくことになった。

ここアスパムには……しばらくいて、建物の上に展望台があった。そこには入らなかったが、そこで、津軽の昔話二の本を買った（お宿で読んだのは一の本）。

遺跡内では、『縄文文明の発見』の本を購入。それは最後の一冊だったそうだ。縄文の住居跡の柱など、いろいろと見てきた。とても興味深い数々のもの。しかし、そこはまだまだ発掘の真っ最中なので、これからということだ。

午後三時から、Yさんとお宿の妹オーナーの方と弘前へドライブ（お宿は暇な時期だったので）。いろいろと案内していただいた。一人だったらあんなに回れなかっただろう。昔の造り酒屋の家↓弘前城↓金剛山の五重塔……そこには、狛犬の〝あ・うん〟さんがいた。そこと別のもう一箇所にも狛犬がいた。

三十三観音の石像が入り口にずらりと並んでいて、十一番、二十二番、三十三番のものが気になった（何だか熱い眼差しを感じたのである）。

そして、街の方へ出て、さらに他のお寺へ。その付近で夕食までご馳走になってしまった。

本当に本当に、どうもありがとうございます。いろいろと、雰囲気を味わわせてもらっている。本当にいいところへ来ることができたと思った。守護ガイドさんたちも案内＆サポートしてくれてありがとう。

津軽の印象

一九九六年三月二十九日の日記より

あの〝あ・うん〟は岩木山神社だったなぁ。一旦、お宿に戻ってから、夜にYさんとすぐ近く（橋を渡った駅方向）の大鰐町の大円寺へ行って来た。ここも龍宮風だ。なんと!!

これは感激ものだ。また〝つがる〟へ案内してね。きっと来るから。どうもありがとう。

楽しかった。〝つがる〟よかったよ。帰りの電車の中で、新たに曲のモチーフが書けた。

ありがとう。赤い朱塗りの柱や門が印象的。まるで、龍宮城へ行って来たような（?）日々だった。また来たいものだ。

飛騨高山・一回目

一九九六年四月二十八日の日記より

今日もどうもありがとうございました。位山は次回にしたが、飛騨《ひだ》一宮《いちのみや》水無神社《みなしじんじゃ》、日《ひ》枝神社《えじんじゃ》、桜山八幡宮……と神社巡りになった。それぞれの印象は……水無神社は直接、地球外生命体とつながりそうな感じの系統だろうか。日枝神社は出雲系？　桜山八幡宮は日向系というか、すめらぎ系との印象だった。神社によっても系列があるようだ。主に系統は三つなのか？　天津神《あまつかみ》系と国津神《くにつかみ》系（それは、日向・出雲系にあたる？）それに、あと、八百万《やおよろず》……というのもあったなぁ。まあ、徐々にわかっていくことだろう。

飛騨一ノ宮駅は、高山市からひと駅向こうに位置する。そこでは桜はまだ咲いていなかったが、臥龍桜《がりゅうざくら》の桜祭りをしていた。一瞬、どのように回るとよいかと戸惑ったが、とりあえず、徒歩で水無神社へ行ってから、高山へ戻った。そして、レンタサイクルで飛騨の里などを回った。

日枝神社参道

日枝神社で……Nさんご夫婦（八十歳と七十七歳）に出会い、家にまでおじゃますることになった。

「孫が来たようだ」と喜ばれた。私の方も初めてお会いした感じがしなかった。旦那さんの方は、少し前まで彫刻をされていたということだ（どうやら、有名な彫刻家の方のようだ）。十二支の入った印籠や七福神、鬼の彫り物などを見せていただいた。

〝すごーい〟の一言。芸術だ。とても細やかな細工に、彫り物に……。〝素晴らしい〟

「この次は、泊まりにおいで」と言われた。知り合えてよかった（連絡先を教えていただいたにもかかわらず、もう一度、訪ねていかなかったことが心残り）。

日枝神社は高山祭の春の山王祭の管轄だ。例祭は毎年四月十四日・十五日辺りだそうだ。八幡宮の方は秋の八幡祭（毎年十月九日・十日辺り）の管轄。中へ入ると、やさしい色合いの朱塗りのお社や柱があり、さらに感動した。

桜山八幡宮の方は、どこか地元石川県の〝白山比咩神社《しらやまひめじんじゃ》〟と似通っていて、これもまた嬉しかった。そこの隣の建て物の中で、〝お輿〟や〝屋台〟を見る（説明つきのもの）。少しビデオで祭りの様子を見た。〝十二支〟の彫り物つきの〝屋台〟もあった。それから、龍とか金の鳥（鳳凰か）など……いろいろ龍宮っぽい色合いで感動の連続だった。

神社において秘められていることとは？　十二支と飛騨高山・彫刻・祭りに関してはいかなる意味が込められているのだろうか。

奈良県にて

一九九六年五月二十六日の日記より

午後七時四十分。今、山の辺ユースホステル（YH）にいる。二時からスタートしたサイクリングはきつかった。大神神社《おおみわじんじゃ》の本社は行き損ねてしまった。お呼びではなかったのか？　〇〇天皇陵などの、古墳がたくさんのコースだった。

天河大弁財天社へ

一九九六年五月二十七日の日記より

今日はレンタカーで奈良市を通り、標識があまりない中、天河大弁財天社へ行って来たが、どういう意味があったのだろうか。水と芸能の神様ということだが。そこは不思議な感じのするきれいな、とても静かな空間だった。行く時期が早かったの？　あとで意味がわかるかもしれない。

そこから少し下ったところの、丹生川上神社《にゅうかわかみじんじゃ》（下社のほう。中社と上社も別にある）へ寄り、そこは雰囲気が良かった。祭神は伊邪那岐命《いざなぎのみこと》が迦具土命《かぐつちのみこと》を斬った際に生まれたと言われている龗神《おかみのかみ》という水の神様。あのあたりは、天照系だ。

行きの途中まで同行した、ユースホステルで知り合った、東京出身の三十一歳のN子さんは下市口駅で車を降り（彼女は吉野へ行くため）、さよならした。昨夜は、金沢からツーリングで来ていた、私の四歳年下の十九歳の人（群馬出身）と同室になり、三人で話が盛り上がったのだった。

今日のコースの……あの、最後に行った神武天皇陵のところは良かった。駐車した車の上に、バラバラ……と赤い木の実を降らせて、挨拶してくれた。「よう来た。ご苦労さまじゃ」と言われたかのよう。ありがとう。今、橿原《かしはら》神宮だ。本当に私へお疲れさまという感じだ。

位山周辺へ

一九九六年七月十三日の日記より

位山にある天の岩戸

高山の日枝神社と桜山八幡宮も行けたとは……ラッキーだった。次は、長野の戸隠へ!!　長野↓高山経由もしなければ。日輪《にちりん》神社は、また次回に。

位山、山頂の景色はとってもきれい。トンボも黄金色できれいだった。トンビが近くの木にしばらくいて、そして、行ってしまう。まるで仙人か誰かの使いのようだった。位山から下りてからというより、下りる途中、どこから現れたのか、私たちの目の前を、牛のようなまだら模様の猫が右から左へ通る。山のまだ高いところだったが。

〝ここまでが聖域、ごくろうさま〟ということらしい。続いて、日枝神社の後も、猫が（白だったか思い出せないが）車の前を右から左へ通り過ぎる。桜山八幡宮へ行く前も、トラ猫が右から左へ走った。ははーどうもありがとう。そして、丹生川へ向かったが、すでに夜七時半を回って八時になり、続きは次回にということになった。

帰り道、富山市へ向かうことにしたら、野うさぎが左から右へ走る。どうやら、まともに富山市へ向かわずに、早く左折した方がよかったようだ。（食事処がなかなかみつからず……）後でわかったが、この日の内に、地元の白山比咩神社に行った方がよかったということだ。代わりに次の日に行った。

左から右へ動物が移動するというのは、〝違うこと〟を示していたのだろうか（……とここではその日のお仕事？　ご苦労様ということでよいだろう）。

※動物が右から左へ移動する場合は、著者はＯＫ、その調子で進めばよいという意味として捉えている。また、動物が左から右へ移動する場合は、ちょうど一区切りついたとの意味もあるようだ。

毎年の白山登山

今、白山室道センターにいる。何人かにハガキを出した。渦巻き龍がさっき、雲で御三体出ていた。すぐそこに山頂（御前ヶ峰）があって、とてもありがたい気持ち。気持ち良い。やっぱり、白山はいいね。明日のお天気はくもり時々雨だけど、山頂経由で池めぐりをしたいので、よろしくお願いします。今日もどうもありがとう。

白山での出来事

一九九六年七月二十二日の日記より

今日の朝食前までは快晴中の快晴と言われ、とても最高だった。これは十二年前の小学六年のときのよう（初めての白山登山は十四年前）。今回の方がもっと素晴らしいかもしれない。とてもついていると思う。

輝かしい星空……そして、神々しい世界・風景、とてつもないような何とも言い表せないような、至福感。本当によく歩いた。全身がよくがんばった。ああ、本当に守られているのだ。ありがとうございます。今回のように、行き帰りともにふもとの神社へ参拝したのも初めて。

昨夜、一曲モチーフを書くことが出来た。それは、私が太鼓をドンドコドコドコ……と叩きながら、山頂の方へ引かれて、引っ張られていくという体感を浅い眠りの中でした後

白山御来光

山頂付近、池めぐりコースにて。日本列島（龍体）の形をした残雪

だった。その太鼓を聴いたあとに、メロディーが流れ、懐中電灯を照らしながら書いた。そのあと、もう一度、今度はゆっくりと星空を見に行ったら、なんだか落ち着いたのだった。

白山山頂で参拝し、さらなる目的地へ行こうではないか。まず、心身を休めることだ。続いて、岩木山↓御嶽山（こちらは未だに行っていない）登山となるだろう。下山中のこと、友人Aさんがリュックに入れておいた奥宮のお札を少ししめらせてしまって、しみができた。

表面のしみの形は、まるで岩木山。裏面はどう見ても御嶽山の形に見えた。彼女も一緒にということ？ 今年は、山頂付近の池のあたりの残雪が、すごい量だった。油ケ池の近くの残雪のところで、あずきシャーベットと氷いちごを下さったおじ様方、どうもありがとう。

とても有意義な楽しい登山だったと思う。本当にありがとう。私は忘れない。忘れたくない、あの感動を。

登山に関する追記

一九九六年七月二十三日の日記より

ああ……菊理姫のビジョンが見える。あの、白山山頂下の奥宮のお札などが置いてあるところの、拝殿右奥の菊理姫の絵を見たからだろうか。その絵の中の彼女からは、龍宮系、ムーの人だとの印象を受けた。それは私が追い求めている系列である。改めて信仰心が湧いてきたようだ。

東北旅行・二回目

一九九六年七月三十日の日記より

夜行バスで金沢から仙台へ向かった。先程ＪＲに乗り換え、仙台駅を出たところだ。予定の六時五分着よりも早く着いたので、一本早い電車に乗ることができてついている。

七時三十五分に一ノ関到着。そこで乗り換えて、平泉へ向かうところ。う～ん、いいお天気。夜行バスの中で、時々目が覚めたとはいえ、結構、よく眠れた。山形のサービスエリアあたりでは朝の五時で、バスが走り出してからすぐぐらいに、日の出間もない太陽を拝むことが出来た。

ふう、ここが仙台か。今夜は十和田泊。ちゃんと辿り着けますように。

平泉散策中のこと……その中の「平泉《ひらいずみ》高館《たかだち》義経堂《ぎけいどう》」（小さめのお堂）では、手を合わせているときにお経のようなものが聞こえた。それはまるで詠み歌のような男の人の歌声だった。まさか、義経公が？　それとも、弁慶？　なのか。

〈四時の記録より〉

平泉午後二時八分発で青森へ向けて発車。ここで、もう一便遅れたら間に合ってなかったろう。そして、次に乗り継いだのは、十和田へ向かう最終列車だった。ところで、平泉ではタイム・トリップ状態になり、夢館では涙が出そうになった。再現されたものがとてもリアルに感じたから。ホーッ、無事、十和田へ着くことが出来そうでよかった。明日はどうやって弘前へ向かうとよいだろうか。

午後九時三十五分（十和田のホテルにて）。弘前から電車で少し南下したところにある、大鰐温泉駅近くのK荘に電話したところ、前回、お世話になったYさんが弘前まで迎えに来てくれるということだ。四ヶ月ぶりのこと。いよいよ、明日ということで嬉しい。無事到着できますように。十三湊と岩木山と、青森ねぶた祭りは絶対に行くぞ。

十和田にて

一九九六年七月三十一日の日記より

朝、八時五十分、石ケ戸《いしげと》へ向かって出発。今日の行程は、昨日、バスの運転手さんに教わった通りだ。ありがとう。

午後三時八分、今、十和田神社にいる。来ることができたので、とても嬉しい。龍神様のお導き、本当にありがとう。なかなかいいところだ。

〈天の岩戸の洞穴〉

午後四時四十七分、四時四十分発弘前行きの電車の中。六時五十五分に到着予定。あ、そうそう、十和田神社で会った一つ年上の彼、何と、昨日は平泉で私のことを見かけたそうだ。彼もまた今日は十和田コースとのこと。私がまた次回行きたいところは、その彼が行ってきたばかりのところでもある、山形県の山寺というところだ。

十和田湖もなかなかよかった。神社は昨夜も行って、暗い中を、杉の木立の中の参道を歩いて行ったので、スリルがあった。そこは途中に、〝○○の神〟という札のついた、洞穴のようなものが、山の神、火の神、風の神といくつか並んでおり、昨夜は暗くて見えなかったが、今日は明るい時間にそれらを見ることができた。その中で、日の神と金の神にはさまれた中央に、ただ一つだけ〝天の岩戸〟と書かれた洞穴があった。

今日も盛りだくさんだった

一九九六年八月一日の日記より

車で岩木山神社（そこでは、笛と太鼓の音色が少し聞こえてきた）。↓亀ヶ岡遺跡↓十三湊↓権現崎↓竜飛崎↓青森↓弘前のコース。市内の「山唄」という料理屋で、夕食。津軽三味線は最高。↓お祭り（弘前のねぷたのおみこしの終わり頃を見た）↓夜十時発の弘南鉄道に乗るという行程。明日はいよいよ、登山だ。

岩木山登山

一九九六年八月二日の日記より

今日はなかなかの登山日和。とても暑いわけでもなく良いお天気。朝は無事、七時五十四分のＪＲに乗ることが出来た。そして、今乗っているのは、八時三十三分、弘前駅前発の岩木スカイライン行きのバスだ。

夜の記録より……今日は憧れの岩木山登山をした。ふもとの神社でお参りをしてから、登山。登山口までがまず長い。そして、ひたすら登る。山頂近くまで四時間半かかり、午後二時半着。山頂まで合計五時間かかった。山の上の方の山頂コースに入る前の、少し下のところに五百メートルの残雪があり、クリアするのに命がけだった。

現地の山の整備のワッペンをつけた人に、登山口で出会った。その人は帰るところだっ

岩木山山頂。奥宮の鳥居と雲海

たが、私が一人で登ろうとするのを見てか、残雪の前のところまで、結局、案内して頂くことになった（五十歳くらいで、父親くらいの年齢の人だった）。
それから、登っている内に、まだ山の下の方で金沢の五人組（それも偶然、ある友人の近所の人だった）と出会い、山頂まで一緒に登ることが出来た。

一人で登山しようとした結果、素晴らしい現地のガイドと連れの方々がいて（現れて）助かった。お天気もまあまあ、山頂のあたりは曇っていたが、結局、行く先々で晴れて、本当にいろいろと守っていただきありがとうございます。

汗をいっぱいかき、お清め・リフレッシュとなった。なかなかのいい山で、山神様の存在を感じた。帰りは午後四時十五分のリフト（下りのほうが危険とのことで）を利用し、四時三十五分発のバスで弘前へと向かう。

本当に今日は、無事に行って来られてよかった。やはりここはゆかりのある土地のように感じる。無事、山頂にて参拝。すぐ近くに雲があって、お社の前に立っていると、まるで仙人のような気分になった。

青森の地とお別れ

一九九六年八月五日の日記より

八時十二分の列車に乗った。とうとう、青森の地とお別れか……。何だか、ずっと頑なだったものが和らいだかのよう。様々な記憶が行き来して、焦点が定まらないようだ。ああ、青森かぁ、いいところだ。思い出をありがとう。また、ぜひ来たい。

ちびきの岩は何処に

一九九六年八月七日の日記より

戸隠へ向かわなければ。それは長野の戸隠高原のことか。今日、パート先のスーパーの店頭に売っていたトマトは、そこの物だ（この頃、私は仕事を掛け持ちしていた）。

先ほど、いろいろなことについて、思考を巡らせ続けた結果……

『ちびきの岩……ちびきの岩へお行きなさい。お急ぎなさい』という啓示が降りた。うん、信じるよ。自分の中から聞こえた言葉を。それは、出雲なのか？　場所は……どこなのですか。

この年二回目の白山登山

一九九六年八月十五日の日記より

今回も白山によく行ってきたものだ。台風の後《あと》で、この夏一番の御来光だったということだ。その時によって違い、同じものは一つもない。

御来光は、朝五時十分過ぎぐらいで、室堂から山頂への九百メートルの後半は少し小走りに登った。そして、五時に上に着いて、わりと見晴らしの良さそうな岩の場所がとれて、十分ほどしたら、お日様登場。何度見ても、ありがたく素晴らしい。そして、池めぐりコースへ向かった。

昨夜の星は、この間の七月のときのものよりも綺麗だった。星が出るのも早かった。今年、第二回目の白山登山が出来て嬉しい。本当にどうもありがとうございました。何回、登ってもいいものだ。

毎日つけている日記より

これには、自分の気持ちの移り変わりが記されていくもの。最初は〝夢日記〟にしようかと思ったが、それらも含め、自分の思いや、問いかけが出来るのは、とてもよいことだ。自己発見、自己探求にもなるだろう。

〝私は霊的な使命を持った人間として、何をして行けばよいのか〟すでに、やっては来ているのだろう。少しずつ、少しずつだが。これは、いつも私の中にある、自己への問いかけ。そして、〝自分とは何者なのか〟これだ。知れば知るほど、より深く掘り下げて行けるものだと思う。ルーツを探り、繋ぎ合わせるのだ。

今、あらゆることに感謝したい気持ちでいっぱい。本当にありがとう。

ことの起こりの前触れについて

一九九六年九月十二日の日記より

この私の〝調子〟は、調整のためにもあるのだろうが、どうも、何かが起こる前触れかもしれない。関東あたり（東京方面？　富士山……）で地震か何かが起こる前触れなのかもしれない。

※この部分を書いていた二〇〇四年当時、私は以前ほどでもないが、ほんの数年前まで、地震や何かの大きな事件……人がたくさん他界するなどの前は毎回の如く、とても気持ちが悪くなったものだ。

青森からこちらへ戻ってすぐにも、東北の三陸あたりで地震が起こったそうだ。私に出来ることは何？　教えてほしい。知りたい。ここである程度、このわけがわかったので、安心したのかもしれない。そうは言っても、わかったところで、次にどうするのかということだ。

〈手のひらを使って〉

人は全身から生体エネルギーを発して生きているのだが、主に手のひらを使って、自己や他者に対して触れたり擦ったりして、癒す力を備えている。現代の中で、いつの間にか増えてしまっている望ましくない影響……例えば、汚染されてしまった海、元気のない状態の人や動植物に対し、気の巡りがよくなるための働きかけを、手のひらから出るヒーリングエネルギーによって、調節や緩和することが出来るのではないかと、私は思っている（もちろん、相手が人であれば、その人の意思を尊重した上で関わりが持てることが望ましいだろう）。

私はどうしたらよいのか……戸隠、戸、天の岩戸の戸が隠されているところ。今年、七月から呼ばれているところ。これは、最終の機会。その戸が見つかり、また、一つの戸が合わさって開く。それらの戸は次元間の通路なのではないだろうか。これは、かなり大きなことのような気がする。待ちに待っていたような、もう限界の来そうな状態。冷静に見つめなくては。ただ、じっとはしていられない心境だ。

立山登山（昨年に続いて二回目）↓戸隠

一九九六年九月十五日の日記より

九月十四日、十五日は立山登山だった。昨夜は内蔵助《くらのすけ》山荘泊。今日、十五日は妙高泊。明日は戸隠へいよいよ行けるのだ。何だか嬉しくて泣けて来そう。そうか、天の岩戸の伝説の地なのだ。まだ、立山の興奮が冷めやらずのような状態。素敵な満天星に、御来光に、雄大な景色に。そして、明日も楽しみだ。

降りてきたメッセージの『戸隠の戸に剣を授けよ』か……。

内蔵助山荘へ向かう途中、午後三時の雲海と太陽

戸隠へ行ってきて

一九九六年九月十六日の日記より

戸隠山はとても良かった。立山からの剣（目に見えないもの）を戸隠エリアの山神様へ渡して、今度、差し出された剣を友人Aさん（立山は、中学の同級生Tちゃんと登った）が、来週立山へ持って行くということだ。

もう一つ、私も戸隠で剣らしきものを授かって『必要なときに使うと良い』ということだ。今度、機会があったら、戸隠山と九頭龍山の山頂へいってみたい。途中までで、時間を見て戻ってくることになったが、気持ちはゆったりと出来てよかった。

そこでは、天《アメノ》手《タ》力《ヂカラ》男《オ》命《ノミコト》の気配を感じた。戸の前を歩いていらっしゃった。いろんな次元の橋渡しが、私たち生身の人間によっても出来るということだ。少しでも、いろいろとお手伝いができたら……と思う。山の途中の岩のところからが、聖域になっていた。そこから山頂付近に、いくつかの次元間の扉の存在を感じ、その辺りにも天の岩戸があるのではないかと感じた。そこの岩で休憩後に下山した。

この年三回目の白山登山（奈良で出会った友人と）

一九九六年九月三十日の日記より

何と、またしても室堂まで来てしまった。結構、晴れ間もあり、雨は小雨程度だったので良かった。無事に辿り着けた。

〈登り〉四時間弱＋お昼ごはん休憩。なかなかのグッド・ペース。

※白山室堂は山頂まで九百メートルの地点に位置する。

今日、宿泊しているのは、何と全部で十三人。夏山と違って空いている。台風の影響で雨が……。でも、こちらには直接来ないで、太平洋側へ渡っているらしい。今日は三陸沖あたりが暴風域だそうだ。

今年最後の白山登山になる。とても雄大な景色の中で見る山の紅葉はきれいで、やはり素晴らしいという発見があった。

登山は大変でもあるが、今年は三回も来ることができて本当によかった。何回、登っても新鮮で心地よく、白山が一番肌に合ってなじみ深くて、好きだ。

〝あのー、戸隠で授かった剣もありますよ。どのように使いましょうか？　私が持ち続けて守護するための剣としてもいいのでしょうか？……じゃあ、持っていますね〟

いろいろな光とかを集めることも、必要なときにそれを使うことも可能なようだ。


明日は、とうとう十月一日。十月だ。日の出は五時四十七分だったか？　遅いな。七月二十一日のとき、四時五十分頃。八月十五日のときは五時十分だった（ちなみに、八月一日あたりは五時だったか）。でも、明朝は雨っぽい。それでも頂上まで行きたい。

いよいよ下山

一九九六年十月一日の日記より

今回の登山は、行きは四時間二十五分（お昼休憩三十分含む）。帰りは三時間四十五分（休憩タイムは合わせて十五分くらい）の、なかなかの好ペース。いつも、このくらいだといいが。登り始めのほうで大きな蛙（岩の色のもの）を見た。それに続いて、カタツムリも二匹。今日は頂上へ行くときに（夜明け前は行かなかった。どちらにしても、見られなかったらしい。朝食後の七時半から登った）小鳥が何羽か飛んでいた。

下りの道では、大分、下のほうでヘビがニョロニョロと出現。動物に遇えることも面白い。今、足がね……歩くとなるともう動かないほどだ。動くけど、結構、無理したようだ。ごめんね。でも、よくがんばりました。ありがとう。

帰りは、ふもとの白山比咩神社へ寄って、お参り。昨夜は、白山初雪の日で、夜はやはり寒めだった。とても冷え込んだということでもなかったようだが。

下山中は何人も登る人に会った。下山者の中には、女の子の五人組もいた。金沢の人たちだった。行動することでいろいろな人と出会える。人との出会い、関わりを大切にしたい。思いやりの心を持って、人と接したいと思う。

岩戸めぐりのまとめの時期？

一九九六年十月八日の日記より

そう、あれは昨年の今日だった。もう一度、天岩戸《あまのいわと》神社へ行こう。熊野大社や沖縄はまた別口だろう。もう少し待ってね。昨年の今頃は九州にいたのだ。朝五時半に延岡に着いたのだっけ。九日の日に高千穂峡や天岩戸《あまのいわと》神社へ行ったのだった。

高千穂の神社で、現地の高校の先生をしている人（女性）に会ったことを思い出す。その付近の山登りも勧められたけど、まだ登っていない。登りたいけどこの夏、いや、春・夏……秋とよく飛び回っていたもので、登山シーズンには行けなかった。

やはり、私はそこの土地に呼ばれているね。そうだ、あれ？　あっという間に南紀や沖縄を差し置いて、九州に惹かれる設定に今、なったようだ。もう一度、原点に立ち、これまでの岩戸めぐり？　の結びをしに行かなくては。富士山は今のところそんなに惹かれない。

とりあえず明日は、宝達山《ほうだつさん》（石川県羽咋郡押水町にある）へ行こうかと思っているが、あー、県内でじーっとしていられないような心境だ、全く（この当時はそうだった）。うずうずしてきた。

ああ、昨年の十月八日（日）の元職場の幼稚園運動会あとの午後出発（行き先、高千穂。次の日は代休）のあれが、私の一人旅および、スポットワークの始まりなのだ（おもに一人での旅。時として、友人と行動を共にすることもあり）。……ということは、記念すべき日だったのだ。

あの空間は一体、何なのだろうか？　多次元世界への扉。神々の集い。今度は扉を開いて次元をつなぐお役がある。この剣を持って。

宝達山へ行ってきて

一九九六年十月九日の日記より

今日は予定通り、宝達山まで行ってきた。迷わずに行けてよかった。海・街・太陽、それから、虹も見ることができた。綺麗だった。山頂の上社と、今まで知らなかったが、ふもとの下社を見つけ、そこと合わせて下社↓上社（宝達山頂手速比咩《てばやひめ》神社）の順で参拝して来た。それでセットというわけだ。上では、鳥居のところで女の方（……のようなエネルギーを感じた）が出迎えてくれた。あの、前回行ったときに感じた、厳しい感じのおじさんはどこへ行ったのだろう？　あれは祭神の手速比咩命《てばやひめのみこと》か？

何か祝詞のようなものも、鳥居をくぐってから聞こえたようだ。

伊勢市へ

一九九六年十一月三十日の日記より

明日から十二月。金沢では、初雪。無事、夜八時に伊勢市に着いて、九時に二見町の民宿に着いた。良かった。どうもありがとう。どうやら……というか、前にも確かに来たことのある、いたことのある土地のように感じる。そして、性は男だったようだ。ここで、どのようなお役目があるのだろうか。

二見町《ふたみちょう》……二見浦《ふたみがうら》は参拝前の昔からのお清めの場ということで、ちょうど良かった。まず、明日の朝は二見輿玉神社・夫婦岩へ行く予定。こちらのお宿から徒歩五分（二見浦駅から十五分）だそうだ。こちらは、お天気が良いようだ。さっきは星も見えた。

伊勢市はなかなかの重圧感がある感じがしたが、それと同時に和やかな感じもするようだ。二見町の方は、清々しい。それと、夫婦岩の方は、龍宮系統の雰囲気のようだ。やはり、龍宮界への入り口なのか。明日が楽しみだ。明日もよろしくお願いします。

南紀の神社巡り

一九九六年十二月一日の日記より

今日はお風呂に一時間も入った。盛りだくさんの一日だった。今回の気付きと自己啓発、そして次元間つなぎの役目、兼、修行？　等も、あとわずかとなった。しかし、どちらもまだまだ続くのがわかる。

今回、熊野那智大社は行きそびれた。その手前の那智の滝は行ったのだが。これが御神体（滝）なのではないだろうか。ここへ行き始めたとき、レンタカーの前を猫が右から左へ走っていった。〝次回にせよ。今回は御神体の滝のみでOK〟とのことだったのかも知れない。とにかく、急ぎ足でいったが、あったかい感じのするいいところだった。

まず、熊野を目指して海沿いに移動。獅子岩を見て↓花《はな》の窟《いわや》神社へ（日本最古の神社。イザナミとカグツチの神が祭られている）。↓次は新宮へ行き、熊野三山を目指す。那智

雪をうっすらとかぶった熊野本宮大社

勝浦→速玉神社（山奥の熊野本宮大社のふもとにあたる神社だそうだ）→熊野本宮大社（祭神はスサノオなど）というコース。本当に良いお天気で、ありがとうございました（山の中の熊野本宮大社は、夕方で上りが吹雪いていたが、お社に着いてから晴れた）。

今朝は六時二十分に起きて、二見輿玉神社まで行った。海上の夫婦岩は素敵で、まるで龍宮界への入り口のようだった。側に天の岩屋もあった。カエルの石像もあって、そこに〝海王大和国〟と書かれてあった。曲につけるとしたら、格好いいタイトルだ。

そして、御来光を十二月一日に拝むことが出来たとは、何て幸せなのだろう。ここの聖域にいると清められるようで、とても良い。明日はいよいよ、伊勢神宮への参拝だ。どうか、無事に行って来られるようにお守り下さい。民宿の夕食の方も、おもてなしいただいて、ありがとうございます。まるで、龍宮城のようなお料理（すっかり、その気?）で、たらふくいただいた。

帰宅してからの記録より

一九九六年十二月二日の日記より

ようやく、我が家へ帰って来た。少し、雪が積もっていて、別世界だ。まるで、浦島太郎状態。何日も経ったかのようだ。本当にいろいろとありがとうございました。家が一番落ち着くのだろうけど、まだ気持ちは向こうにある感じだ。

今日の伊勢神宮のコースについて……①外宮　②猿田彦神社　③内宮　の順に回った。内宮の方は、空気が濃い感じがした。あの～、本物の天照大神が？（私の中の映像によると）本物は、まだ岩の中なのではないのか？　それとも、何次元にもわたって、いろんなパターンで複数存在されているの？　どうなのだろう。

それと、月読命《ツクヨミノミコト》のところにも行けたら良かったなぁと思った（その神社は外宮の入り口の側にあった）。今日は徒歩を含めて三時間弱のコース。やはり寒かったが、気持ちの良いサイクリングが出来た。三日とも、お天気に恵まれて嬉しく思う。

何が、どうなったのか。私という人間が動くことでも、何か意味があるのだろうか。とりあえず、今年の八月からずっと行きたかったところ（呼ばれていて、気になっていたスポット）の、大体の場所へ行って来ることが出来てホッとしている。ひとまず、休もう。

壇ノ浦を過ぎて、九州にて

一九九七年二月二十二日の日記より

〈朝の記録より〉

昨夜、九州へ向かって夜行バスで出発。先ほど、山口県壇ノ浦サービスエリアを朝五時頃に出て、少し前に九州へ入った。壇ノ浦も幻想的だが、九州は本州とはやはり違う。雲の感じも違うような……。やさしく、ほのかに温かい雰囲気のところ。昔は本州と九州をつなぐ橋がなかったのだ。

〈夜の記録より〉

今日は天岩戸神社、高千穂神社、くしふる神社と行った。帰り道の今はもう夜の六時半過ぎだ。駅へ向かう坂道で、黄色く大きな満月がとてもきれいだった。星がいくつか出ていた。今日は夜空がとても綺麗な最高の日のようだ。ちょっと、無理して歩いたかな。今夜はゆっくり休もう。

高千穂峡にて。上空の木々と太陽光

もう、古代日本、古代日本……と言うのは（意外とこの頃、染まっていたかもしれない）やめようと思った。

結局、外に求めていても、仕方がなく、すでに自己の内面を見つめ出しているからこういう印象なのだろうか？　それにしても、お清めしてもらえた感じもある。

こちらも澄んでいていいけれど、やはり、金沢が本拠地のようだ。そして……答えなるものは私の内側へ求めているのだ。

福岡では、もうすぐ春だという感じがしたが、こちらもとても快晴のお天気で、どうもありがとうございました。本当に山に囲まれた気場のよい地域だ。

北九州へ

一九九七年二月二十三日の日記より

北九州へ向かうバスの中。八時五十分に高千穂を出発。これから、吉野ヶ里遺跡と太宰府天満宮へ行く予定だが、本当は神社などに特に何かがあるわけではなく、そこへ求めても仕方がない。

この木々や大地、空など自然を持つ地球自身へ、感謝して生きることが、結局のところ、とても大切なことなのではないかと思う。そうでしょう？　どこに何を求めると言うのだろう。

もしも、どこかを拝むとすれば、形としてある建物や石碑ではないと思う。それなりに、先達のいろいろな意味やこめられた思いがあり、シンボルとして人々に分かりやすく伝えるための目的もあったのかもしれないが、やはり、直接感じることが大切だと思う。

神という表現については、捉え方はいろいろとあると思うが、そういうものがあるとすれば、私の場合は自己の内部を通して、またまた、ずーっと直結するところ（地球に存在している自己を通し、宇宙を感じるような感覚）とつながり、大地に足を踏みしめて行くことがそれに近いだろう。だから、風景を見たり、どこかを散策する方がより良いのかもしれない。

吉野ヶ里遺跡と太宰府天満宮へ

一九九七年二月二十三日の日記より

〈午後六時の記録より〉

九州はどうして、こんなに和やかな感じのするところなのだろう。わりと、親しみやすいのだ。吉野ヶ里遺跡に着いてから、レンタサイクルを発見。ああ、助かった。うーむ、青森の三内丸山遺跡が縄文とすると、こちらは弥生に近いようだ。こちらの土地もやさしい。

移動中はどこまで、うまく交通機関を乗り換え、行動するか。まるで、ゲームのような感覚だ。西鉄二日市駅で降りて、バスでＪＲ二日市駅まで乗って吉野ヶ里まで行けたのだ。

太宰府天満宮（天神から西鉄電車で移動）は日曜日だからか、さすがにすごい賑わい。とても楽しい感じで、人気のスポットのようだ。ここは呼ばれていた場所だ。これで今回は二回目になる（一回目は高一の修学旅行のときだ）。昨年五月に訪れた、京都の北野天

午後五時前、閉門間際の吉野ヶ里遺跡にて

満宮とどこか似たような雰囲気。それは、同じ菅原道真公（祭神）だからだろうか。お牛様に朱塗りの建物。ただ、学問の神様というだけではないであろう。

少しずつ旅感覚を取り戻して来たみたい。北九州で励まされた。昨日はあんなに落ち込んでいたのにね。

三回目の東北旅行

一九九七年八月二日の日記より

昨夜、金沢↓仙台の夜行バスにて移動し、無事に今朝は六時四分発の電車に乗ることが出来た。今、平泉の次の駅を出たところだ。
ああ、私の大好きな、とてもなじみ深く感じる平泉が遠ざかってゆく。今回は通過するだけなので、またぜひ寄りたい。北上川、衣川の合戦跡、義経堂……義経最期の地。中尊寺に毛越寺《もうつうじ》に……。やはり、寄ってきた方がよかっただろうか。昨年行ったので、今回は八幡平《はちまんたい》の方を選んだのだ。八幡平↓十和田行きバスは一日に二本しかないそうだが、無事に行って来れますように。

午後三時二十三分の記録より

無事、八幡平に到着して、散策後の三時から霧がたちこめてきた。涼しいぞ。ここが八

八幡平の散策コースからの眺め

幡平か。沼をぐるっと回った後《あと》も、のんびりと出来て良かった。さっきまでの、とても良いお天気の中、素敵なコース、景色をありがとうございました。一時間半の散策コースだった。

今、午後三時三十分発の十和田行きのバスに乗っている。八幡平に着いたのは、お昼の十二時前くらいだったか。そこは岩手県と秋田県の県境だ。時間にゆとりが持てれば登山したいのだが、今回は便利なバスを利用（環境によくないが）。ここの温泉も良さそうだ。それにしても、すごい霧だ。来られてよかった。今夜は十和田のホテル泊だ。

十和田湖の遊覧船に乗って

一九九七年八月三日の日記より

今日は結局、十和田で遊覧船に乗って、午前十一時十分発の弘前行きバスに乗る。黒石で一時前にバスを降りて、そこから、弘南鉄道で弘前まで三十分。そして、二時十九分のＪＲに乗って、大鰐へ向かう。こちらも蒸し暑い。青森や野辺地へ行くのはやめて、Ｙさんや宿のお姉さん（姉妹で経営）と、彼女の東京からの友人夫婦と私とで津軽三味線の店へ行った。そこは昨年以来の二回目。津軽三味線はなかなか良いものだ。

明日は昨年に引き続き、岩木山登山、二回目だ。

十和田神社にて

二回目の岩木山登山

一九九七年八月四日の日記より

朝方も雨や雷がすごかったが、夕方六時から、ザンザンと雨が降っている。今、津軽半島の中里というところの金沢の友人Hさんの実家におじゃましている。

今日はHさんに、弘前のハイローザ前バス乗り場に十時に来てもらい運転してもらって、岩木山神社にて、まず参拝。着いたところで、急に青空が広がり、よいお天気になった（嬉しい!!）。雨が降ったあとなので、そのまま登るか迷った後、スカイラインを車で行き、五合目から登ることにした。

霧がかかっていたが、雨にもあわずついていた。とに

岩木山山頂に到着した著者。強い風が吹いていた

かく、山頂まで行けた。登りは五合目から一時間。下りは三十分かかった。ちょっと楽をすることになったが、たまにはいいものだ。

津軽半島中里にて

一九九七年八月五日の日記より

今、大館駅、午前十時二分発に乗っているところ。結局、朝の七時に車で彼女の実家を出て、弘前八時の電車に間に合わず、申し訳ないことに大館まで、Hさんに送ってもらった。

昨日は、Hさんのお父さんの写真集を見せてもらい、いい写真がいっぱい。十三湖の写真がたくさん。お花や岩木川の写真もあった。紫色のシャドウの岩木山と夕日の、特殊撮影の写真を一枚いただいた。私は八月六日夜に金沢へ戻った。

飛騨について

一九九七年九月六日の日記より

〈夜の記録より〉

『日本のルーツ飛騨』（お宿にあった本）を読んだところ。ああ、面白かった。岐阜は日本で一番地層が古いそうだ。日《ひ》抱《だき》の御鎮魂か。丹生《にゅう》の池（乗鞍岳のふもと……淡山という）。

池に太陽の光、月の光を浮かべて、その光をジーッと見つめながら、心から感謝して、先祖を拝み、心を静めたそうだ。

今夜は岐阜県の丹生川村のお宿に泊まっている。白山登山の予定が、雨のためこちらへ変更。でも、この土日はすでに、こちらへ来ることになっていたのだと思う。一昨日くらいにこの辺のガイドブックを開いていたのだ。

日輪《にちりん》神社はどこなのだろう？　教えてもらえるかな？　こちらのお宿は、鍾乳洞のすぐ近くだ。

日本人のルーツ、真相を知りたい……というか、思い出したい。

丹生川村にて

一九九七年九月七日の日記より

〈夜の記録より〉

家に帰ったのは、夜の九時前。今日は午前中、鍾乳洞を見ているときは雨だったが、その後から、ずっと晴れていてよかった。ありがとうございます。ようやく、日輪神社へ行って来られた（飛騨四回目くらい？　にして初めてのこと）。場所はお宿で教えてもらった。続いて、飛騨千光寺へ向かった。本堂と円空上人の仏像の彫り物のところ（入館料四百円）へ行った。〝両面宿儺《りょうめんすくな》〟という人の木彫りの物もあった。取り急ぎ、飛騨へ行って来る必要があったということなのだろう。

続いてのコースは……西日本の方（神戸を基点として）を回ることになるだろう。日本民族の一側面における見解や起源について、新たに知ることができたことも、とてもよかった。
丹生川の語源であるニュウッとが最初とすると、あの淡路島（おのころ島）の話はどうなるのだろうか。安河原という場所（本に出て来たところ）は役場辺りだそうだ。

その後、高山ラーメンを食べて、平湯温泉へ。神の湯という露天風呂（四百円）は、山の木々の中で気持ちが良い。女湯が上で、男湯が下。そのあと、平湯大滝を見に行く。夏に行った白神《しらかみ》山地（青森）の安門《あんもん》の滝と感じが似ていると思った。滝の高さは、こちらの方が低いが。そして、神岡経由で帰途に就いたが、その前に、新穂高方面へしばらく友人の車で走る。戻ってくる途中の無料（清掃料金五十円）のちょっとぬるめだったが、露天風呂へも入ってくる。これで、露天風呂は二ケ所入ったぞ。露天風呂のはしごも、なかなかいいものだ。

明石・淡路島経由、四国徳島→剣山への旅路

一九九七年十一月十五日の日記より

十時四十五分発二十分間の明石フェリー→車で淡路・一ノ宮インターチェンジ→鳴門に十二時三十分着（友人の運転により）。

昼食後の一時、徳島自動車道へ入り、土成《どなり》で降りる（一時十七分）。→下道へ移動した。

午後三時三十八分、土柱《どちゅう》で休憩。短いが歩くコースがあった。再度、出発。

現在、午後四時五十分、四時半過ぎに国民宿舎に着いた。今日は初めて淡路島を通り、初めての四国入り。剣山のふもとの宿だ。剣山までここから車で一時間だそうだ。

四国は四国で、独特。どこの土地とも違った感じだ。でも、少しここは新潟や長野の景色と似ているところもあるようだ。

それから、来る途中の町並みは、和歌山のような雰囲気もあったかも知れない。とにかく、到達したぞ。

淡路島は〝緑町〟のあたり。そこにはおのころ神社もあり、馴染みのある感じがした。洲本《すもと》もその近く。帰りは岩屋のあたりも見たいものだ。

うーん、やはり、ここ、徳島の山中は独特だ。

午後七時二十三分、こちらは日本の中では南部ということもあり、北陸よりも暖かいが、山の中で夜ということもあり、今は寒い。川の音が静かで心地よいものだ。すぐそこに清流がある。

夕食後に温泉に入った。山の高いところで入ることは、珍しいそうだ。気持ち良かった。

その後、宿泊する部屋へ戻ったときのこと……

〝アークと呼ばれるものは剣山にあるのだろうかー〟という言葉が聞こえ、そして、ひし形のマーク（中は水色。光を放っているもの）が浮かんだ。そして……私を呼ぶのは、呼びかけているのは誰?

〝アーク〟とは、三種の神器ということ??? あの山の中枢にあるのか。次元のパーツなのだろうか。山頂へ向かうのは、いよいよ明日だ。お天気は〝晴れ〟ということで、嬉しい。

剣山にて

一九九七年十一月十六日の日記より

今、剣山山頂近くのヒュッテにいる。ここのリフト乗り場に着いたのは午後三時三十分と遅いのだ。

今朝は午前十時から扇山（昨夜の宿と剣山のふもととの間くらいに位置するところ？）へ登る。登山は片道一時間と少しだったが、道を間違えたので（道ではないところへ行ってしまった）、車へ戻ったのは、午後一時四十五分くらい。扇山の中の〝天の岩戸〟へは、ようやく、お昼の十二時三十分くらいに着いた。お社からさらに、百五十メートル登ったら見つかった。

剣山のリフトは片道十五分。そこから、こちらのヒュッテまで一時間くらい登って（一キロ弱の距離）到着した。今日は天気が良かった。夕方からは雲が出て来たが、明日はどうだろうか。山頂へ行って、剣神社参拝コース後に下山する予定。がんばるぞー。

　さっきから、こちらのヒュッテの食堂にてビデオを観ているところ。〝古代ユダヤ人と四国の契約の箱〟などについての内容で、面白そうだったので観た。何かのいつかの講演会のもののようだ。


〈ビデオの内容より抜粋〉

契約の箱（日本で言うところの神輿の形と似ている）の『天使』は内側に羽を広げて、正座のような姿勢で担いでいる。

古代ユダヤ人はパンを重ねていた　↓　日本では、それにあたるのは鏡餅。

三種の神器にあたるのが　↓　モーセの石板、マナ（食物）の壷、アロンの杖。
※三種の神器とは……鏡・勾玉・剣のこと。詳しくは、八咫鏡《やたのかがみ》・八尺瓊勾玉《やさかにのまがたま》・天叢雲剣《あめのむらくものつるぎ》（草薙剣《くさなぎのつるぎ》）のこと。

○勾玉……メノウか水晶作り。
○クオーツ（水晶）は振動するパワーを持っている。時計にもついている。
○電池は身体のバイブレーションを壊す。時計をしないこと。時計を左側につけないこと、つけるなら右。電気は左から入ることについてなど。
一六五〇年前に、この〝契約の箱〟を古代ユダヤ人が四国に持って来たそうだ。

四国は「アワ」の国……あわよくば。「アワ」とは古代シュメール語だそうだ。〝海〟のことだって。地形上、ユダヤ人やシュメール人も山の上に住んでいる。四国も同様。四国の人が山から下りるようになったのは、やっと最近のことだそうだ。

このビデオ……なるほどと思うところがあった反面、そうとは思えないところもあった。どうなのだろうか。

帰宅して

一九九七年十一月十七日の日記より

今朝は剣山の山頂にいたのだ。四国も淡路も、本州も、それぞれに土地感が違うものだ。

それぞれに好き。さっきは多満津のお風呂へ行って来た。
※多満津のお風呂とは、玉津インターの近くにある。

石川県小松市安宅の関へ行ってきて

一九九七年十二月二十一日の日記より

家の中に小さな石が転がっていた。安宅（小松〝安宅の関〟）の石？　なぜここにあるのか。お陰で思い出した、波の音を。

海岸沿いに立っていると……波のしぶきの音がただ聞こえるのではなく、ゴゴゴゴーッという振動の音も聞こえて来た。とても心地がいい。海のざわめきを感じ、大地の揺らぎも感じた。確かに、地球という意識体は生きているのだ……と。

あそこのスポットも、いつまでも浸っていられそうな場所だ。しかも、わりと近場なので、旅行中のように時間を気にしなくてもよい。身近なところにも実はスポットがある。

仙台行きの夜行バスに乗るという女性に会った。仕事上、福井のあたりなどを回って来たのだそうだ。意外と石川県も見どころはあるのだ。仙台の人か……安宅へはレンタカーで来られたそうだ（仙台行きの夜行バスは平泉へ行ったときも利用し、今年と昨年との二回、乗っている）。何かしら、その土地その土地の良さがあるのであろう。

伝わってきたことより

一九九七年十二月二十二日の日記より

〝内なる声に耳を傾けよ……そうすれば自ずと見えてくる。聞こえてくる。そして、わかってくる〟

〝すべての答えは、学びの中にある。自分の中にある〟

〝尊き命よ、尊き命の源よ。その主はおまえだ。湧き起こってくる、あらゆることに耳を傾けよ。それが何かわかるまで。いつの日か目覚める。目覚めのときがやって来るのである〟

〝人生の計画表を見直せよ。これでよいのか。本当によいのか、歩んでいるのか、書き直しはあるのか？　どうだろう。今一度確かめてみるがよい。お前の霊性が目覚める時、その時が、我々が喜びを共にする時だ。いつかわかる、いつの日にかわかる。全てにおいて。お導きのあらんことを〟

……これはどこ、どちらから？　安宅スポットから？　ありがとうございました。重々、承知致しております。

〃ご苦労。貴重なる時間、その時の流れの中をいかにしてゆくか。楽しみにしておるぞ。ワハハハハハ。悠久のときを生きる民よ、今、ここに集え〃

そして、その日のうちに白山比咩神社に足を運んだ。

初めての沖縄旅行のときのことより

一九九八年一月十四日の日記より

午前七時五十五分、小松空港集合。『あったか沖縄三日間』（優待チケット旅行）の参加者は二十数名くらい。私は三日間とも自由行動。さっきは曲のフレーズが浮かんで来ていた。

十一時二十分に到着するそうだ。今日は〝西海岸〟の辺りへ行こうと思っている。とりあえず、那覇まで移動してから調べよう。首里は明後日。明日の宮古島も楽しみだ。何か曲のフレーズが出て来るだろうか。今、書いたのは、〝琉球村のうた〟という感じだ。那覇の波之上宮は今日行けたら行こう。それでは、素敵（?）な旅となりますように（機内にて記す）。

〈夜十時の記録より〉

波之上宮にて

今、那覇にいるのだ。飛行機を降りた時にブワーッと感じ、〝ここ知っている、この土地、この空気〟と思った。やはり、関わっていたのだね。沖縄に人としての転生体験があるのかどうかは、わからない。だが、あるのかもしれない（または、地球外の人として関わっていた？）。

何か、ここにいるだけで、来ただけで、それでいいという印象だ。

〝何でもよろし、それでよろし〟と聞こえた。

那覇の宿泊ホテルは現代風。ちょっと宇宙風（？）の露天風呂が最高。吹き抜けがいいのだ。寒いくらいだったが、お湯につかっているときは、いい風だった。国際通りには、お土産屋などの面白い店がいっぱい。

　沖縄は八重山などの文化＋五〇～六〇年代のアメリカ＋今の日本が入り混じっているというような印象だ。日本語の通じる外国という感じ。戦争時からの米軍の影響からなのか、どこかハワイのような感じもある。

　明日は九時発の飛行機（宮古島行き）だ。八時に出なくては。私の気ままな？　一人旅はこれからだ。大分、この辺は道に迷って歩き回ったので、少しはわかるようになっただろう。ホテルに夕方の四時二十分にチェックインしてから、徒歩で片道二十分かけて、波之上宮へ向かった。鳥居をくぐって、参拝する前にブワーッと風が吹いた。参拝が終わった後も、ブワアーッ。意図的というか、サインのある風だった。

宮古島にて

一九九八年一月十五日の日記より

夕方四時に宮古島の空港に戻り、今、午後六時二十八分、六時四十五分発の那覇行き（JTA）を待っているところ。→七時三十分着（離陸後、三十分で着く）の予定。

今日は親切な人との出会い、それから、お天気の悪い中（前線の影響で雨）、車を降りているときに晴れ間にして下さったことに感謝している。

ああ、宮古島ともお別れだ。ここへ来たことは初めてなのだろうか（他の転生にもないようだという意味）。タクシーで案内をしてくれたのは、Tさん。歌が上手で、いっぱい聴かせてくれ、お話も楽しかった。

東平安名崎《ひがしへんなざき》へ六千円で案内してもらった。私は空港から平良市《ひららし》へ向けて歩いていた（二十分歩いた）つもりが、違う方向へ向かっていたそうだ。そこへ、Tさんに声をかけてもらった。彼は十五年、タクシー運転手をされているそうだ。

空港が最近、新しくなり、その位置や道路の状態が大分変わったそうで、私は一年くらい前の地図を見て歩いていたが、それは全然違う方向の地図だったということだ（前は、街は空港から近かったそうだが）。

岬に向かうにつれて小降りになり、着いてしばらくしてやんだ。そのうちに、太陽の光が入るときもあった。しばらく、青空も出ていた。Tさんに、

「ここへ来て、晴れ間に出くわす人はあまりいない」とか、

「ついているね。行いがいいんだね」など言われた。

私の行いが良いかどうかは？　だが。

右手が太平洋（今日は〝静〟の波）、左手が東シナ海（今日は〝動〟の波）だ。この波

の〝静〟と〝動〟が反対のこともあるそうだ。ここに一時間ほどいたか。灯台へ登り、波の動きを見た。うーん、いいね。〝ここ宮古島は穏やかでとってもいいところ〟

海の青さ（水色というか）がよく見えた。青い魚もチラッと見えたようだ。お昼の十二時二十分くらいまで岬にいた。タクシーに乗ってまもなく、小雨が降り出す。次にドイツ村へ向かい↓到着。三時にまたTさんに来てもらう約束だ。

着いたところで小雨だったが、少しずつ晴れる。三時五分前に、また雨がポツポツと降り出した。

Tさんに宮古島の空港まで送ってもらうが、その前に彼のお宅へおじゃました。そこの土地の蜜柑といわれる、ポンカンをもらった。ちょうどいい甘味。二つめをさっき空港でいただいた。家には奥様もおられ、大きな貝殻のお土産も頂いた。

本当に今日はありがとうございました。平良市内へは行かなかったが、宮古島では、あまりバスはないこともあり、タクシーかレンタカーで回る方がよいようだ。

話が戻って……ドイツ村には一時過ぎからいた。その辺りをうろうろしながら写真を撮った後、残りの三十分は浜辺に座っていた。持参したハーキマーダイヤモンド（中・小）とラブラドライトとゴールドカルサイトの石も洗った。そこには何か生き物がいて、ちょろっちょろっと尻尾が見えていた。砂や貝みたいなものを石と一緒に袋に入れた。

さようなら宮古島。何だか、次は（ここからつながるところは）ハワイのマウイ島（二〇〇〇年十一月に行った）のようだ。『沖縄本島』に関しては、そこからその次に呼ばれているスポットは、北海道だと今回の出発前に伝わってきていたが、島系はまた別の感じ。癒しの場、休憩どころといったところだろう。

沖縄最終日

一九九八年一月十六日の日記より

首里城へ行って来て、帰りのバスの中。もう少しで沖縄から離れてしまう。ここも気に入ったので、また来たくなりそうだ。そうか、アメリカ領になっていたのは、一九四五年（終戦）から一九七二年、五月終わりまでだったのだ。それで、Tシャツ屋さんが多いのだろう。

那覇空港内の乗り場近くのロビーへ入ったのは、午後二時半。ああ、本当に名残惜しい。ほわ～んと温かく、優しい感じのする沖縄。波之上宮へは、帰る前の参拝に行けなかったが、少し離れたところから、心の中でお礼を言った。あとは小松空港へ向かうのみ。無事に着きますように。

小松行き午後三時十分発。離陸後二時間で着くそうだ。帰ったらすぐ、いつも通りのスケジュールだ。

宮古空港の近くに咲いていたハイビスカス

首里城は中国風のところもあった。展示場の一部に、いろいろな琉球楽器が置かれてあり、ガラス越しに生で見ることが出来た。いつか手元に置いて、奏でてみたいものだ。三味線と竪琴もあり、見入ってしまった。この次はそういう楽器屋にも是非とも寄りたいものだ。横笛やラッパもあった。

初日、波之上宮へ行く途中に、三味線の並んでいる、こぢんまりとした感じのお店を見かけたのだ。思い切って入ってもよかったかも知れない。タクシー運転手のTさん曰く、もともと宮古の物だそうだ。買えない値段ではないだろう。沖縄で買うと、六〜七千円上がるそうだ。宮古島で四〜五千円くらいだったか。でも、もっと、いい値段がしているものもありそうだ。もう少しで着陸だ。今、小松上空付近の海の上だ。

仙台行き夜行バスに乗って

一九九八年八月八日の日記より

金沢、午後九時四十五分発の仙台行きの夜行バスに乗っているところだ。これで、東北旅行は四回目になる。今日、仙台の宿と、昨年もお世話になった友人Hさん（青森に実家がある）のところと、大鰐のK荘と連絡を取った。ありがとう。Hさんは四日くらいから青森の実家へ帰省とのことだ。

山形県の山寺へ

一九九八年八月九日の日記より

バスが早めに着いたので、朝六時十五分発の山形行きの電車に乗ることが出来た。高速バスの中でもよく眠れた。こんなに朝早くから、仕事に出かける人もいるのだ。朝早いので、電車の中は、まばらなお客さんだ。いつもなら、まだまだ寝ている時間帯。本当は早寝早起きの方が、身体にとっても生活リズムにおいてもいいのであろう。

山寺といえばお寺さんだ。山形は初入りなのではないか？　ちょっと……どきどきしている。山手にあるということで、なかなか行けないところかも知れない。

朝の五時八分にサービスエリアに着いたときに、何とか目が覚めたのだった。そして、五時二十分に仙台へ向かって、再出発した。

〈電車の中からの風景より〉

あれ……なぜか？　このあたりも過去世において、来たことがあるようだ。知っている。昔は山ばかりで、こんなにたくさんの家はなかった。山の風景に馴染みがある。

今、〝陸前落合〟という駅。山形県へはまだ入っていないのだろうか？　その当時、私は法師か何かの格好をして、歩いていたことがあるようだ。黒の法衣？　に、白の長袖やら肌着に、菅笠に杖。それに手荷物だ。首に黒い数珠のようなものをじゃらりと下げている。

私「あなたは私なのですか？」（テレパシーによる呼びかけ）

おばあさん「そうじゃ……」

いつ頃のことだろうか。おじいさんか、おばあさんか？　女の人のようだ。

私「お幾つですか?」
おばあさん「六十七歳……」
六十七歳か六十八歳くらいだそうだ。一人で山寺へ向かって山道を歩いている。山寺はいつ出来たのだろう?
山寺まで行こうと思ったわけは、一昨年、十和田で会った人が、「これから、山寺というところへ行く予定……」と言っていたことがきっかけとなった。
私「ああ、おばあちゃん、山の中の一本道をずーっと、歩いている。腰にお水やら下げて。すごいね」
名前は〝とね〟さん? お元気そうだ。

あ、陸前白沢駅だ。↓おっ、山ばっかりになったぞ(家は少々ある程度)。知らなかった。山寺は……『閑さや岩にしみいる蝉の声』(松尾芭蕉)の俳句の場所だったのね。
これが山寺こと、立石寺《りっしゃくじ》。お、山だー。いいぞ。山寺は細幅の階段が、ずーっと続く。まるで修行場のよう。

戸《へ》のつく地名について〝ちびき〟は何処に

一九九八年八月十日の日記より

宿泊した仙台ペンションから、駅まで歩いて十二〜三分。無事、仙台駅、朝九時発の東北本線へ乗ることが出来た。今日は電車に乗ってばかりの日だ。

一ノ関で乗り換え、三十分ほどして発車した。次は盛岡へ向かう（十二時三十四分着の予定）。これから、平泉も通過する。

午後二時過ぎ、とうとう次は一戸《いちのへ》駅だ。電車で通るだけだが、この辺りへ足を運んだのは初めてのことだ。しかし、何とも言えないような神妙さがある。駅に着いた。そして、すぐに発車。またしても知ってる、ここ知ってる。知っている。

三戸《さんのへ》には何かの塚があるそうだ。私は人間として（転生体験を経て）ここへ来たことがあるのだろうか。それとも、地球外の存在として？　そうかも知れない。何らかの姿形でやって来たことがあるようだ。

この〝戸《へ》〟がつく地名は注意。気になる。キリストの墓があるとされているところは戸《へ》来《らい》岳。八戸と十和田の中間地点に位置するらしい。八甲田山からのルートもある。※戸《へ》来《らい》とヘブライは発音が似ている。戸来岳は青森県戸来村（現在、青森県三戸郡新郷村）にある。

しかし、簡単には行けないところ。泊まりがけでレンタカーが必要のようだ。（そこへはオーストラリア滞在時の二〇〇七年に知り合った千葉の友人Yさんに、その翌年の二〇〇八年夏に運転していただいて行くことができた）

次は二戸《にのへ》を過ぎたところ。とうとう来た。今、間に二つくらいの駅を挟み、三戸《さんのへ》へ向かっているところだ。

古代の人がつけた地名だと思うが、そこに古代のロマン（ちょっと、古くさい表現？）があるのではなかろうか。この山々の中に何かありそう。何か今もなお眠っていそうだ。

そして、自然な感じの川が多そうだ。〈午後三時三十七分記〉

八戸には午後二時四十七分に着いて、今、出発したところだ。次は青森へ向かう。野辺地というところも通るぞ（日本中央の石碑があるところだとか）。ここも、機会があれば一度、降り立ちたいものだ。

〈駅の表示より〉

〝日本中央の碑〟は「おっとも」駅から車で十分。次の駅が〝千曳《ちびき》〟（野辺地のひとつ前）の駅だ。これは来年のコース？　いつか、この次の機会に来るぞ（しかし、このことは、その後、二〇〇四年夏に六年ぶりに青森へ行ったものの、このことは数年間、記憶のかなたへと飛んでいた）。

二年前に位山の〝天の岩戸〟前で受けたメッセージ、

「ちびきの岩へお行きなさい……」というのは、この辺りのことかもしれない。出雲ではなかったのだ。こちら方面に戸が隠されているということなのだろうか。一戸から八戸まで八つの戸が？　今回は通ってみてよかった。

これだと、いきなり八戸からレンタカーで走ったとしても、わからなかっただろう。下調べが必要だ。このあたり一帯は車でなくては回れない。次の機会に絶対来たい。まもなく、野辺地に着く。〈午後四時三十三分記〉

小湊の次は西平内《にしひらない》という駅だ。この〝ひらない〟は、ヒラミット（つまり、ピラミッド）から変化したのではないだろうか。このあたりにも、人工的な感じの尖がったピラミッド型の山がいくつかあった。〈午後四時三十九分記〉

現代の人々が未だに触れていないようなところ、山々……。しばらくして海が見えて来て、向こうにかすかに下北半島（だろうか？）が見えていた。

午後五時半。無事、川部駅で五能線に乗り換え。やはり青森は居心地が良い。まさに、故郷のようだ。（金沢の次に故郷という感じ）とても肌に合うのだ。

午後七時三十分に五所川原《ごしょがわら》着の予定。（ここは、午後六時三十五分発）そこで、金沢の社会人吹奏楽バンドの友人Hさんに、車で迎えに来てもらう予定だ。

先ほどは途中に〝大釈迦〟という駅があった。釈迦が修行の際に日本へ来て、キリストの墓も訪れたのでは？（これは、私の安易な発想によるものかもしれないが）と思った。

通勤タイムが終わり、ようやく電車の中が空いた。地名にも結構、意味がありそうだ。

十三湖へ

一九九八年八月十一日の日記より

今日は友人Hさんに案内してもらった。遠いところ、中弘前駅まで送っていただいてありがとう。今、中央弘前午後八時三十分発の弘南鉄道で大鰐へ向かっているところだ。

今日は遺跡めぐりだった。出発したのは朝の十時。Hさん宅（実家）は中里というところ（津軽半島の付け根の辺りか）で、五所川原から車で一時間ほどだ。まずは十三湖へ向かい、中島というところへ行き、発掘をされた歴史的なものや記録を見た。それらは、主に津軽地方の豪族だった安東氏の記録。昔話も二本スライドで観てきた。観終わると、お昼の十二時半だった。

十三湖へ移動し、しじみ汁と中華ざるそば。しじみがとても大きく新鮮で、美味しかった。採れたてはいいものだ。湖の景色もとても心和むものだった。うみねこ（かもめ？）がいた。

続いて、城跡などへ行った。↓唐川城跡。ここも、展望がよかった。城跡らしい岩あり。↓春日内観音堂（通るだけ）↓大沼の横を通り、人工の造りの山の前を通る（ここは、コースの予定に入ってなかったところだが、移動中にここへ出たため）。↓山王坊遺跡↓日吉神社（蜂などが大量にいて、車から降りられず、残念）。↓福島城跡（荒地のみ）。↓神明宮オセドウ遺跡。ここは、木がたくさんで、とても、休まる場だった。何だかパワーが戻ってくるような感じ。このように盛りだくさんのコースだった。どうもありがとうございました。Hさん、ありがとう‼

最後に、その近くの〝道の駅〟で、ソフトクリームを食べてくつろいだ。さて、次は久しぶりにK荘の皆さんに会う予定。日本海側から日中の電車の便の連絡はよくないためと、一度に帰るのは大変なので、明日の夜は山形県の酒田に泊まることにした。

初の北海道旅行（名古屋⇕札幌の航空券が当選）

一九九八年九月二十日の日記より

現在、午後二時前、いよいよ名鉄バスセンターから、空港行きのバスへ乗った。バスは十分おきに出ていて、片道八百七十円だ。所要時間は二十八分の予定。名古屋空港へ来たのは一九九六年九月に香港へ行ったとき以来二回目。

今回は国内線だ。それにしても、小松空港から北海道への直行便もあるのだが、これでは時間のロスかもしれない（しかし、これも意味あってのこと?）。

釧路まで行くのに、これまた札幌経由というのも遠回りだ。それでも、そちらへは電車で向かいたい気もするのでいいだろう（札幌⇕釧路間のＪＲ運賃は、特急利用で往復二万円弱）。よーし、のんびり旅を楽しむぞ。

午後三時三十分、札幌空港行きのＪＡＬに乗っているところ。離陸後二十五分で新潟上空、五十分で青森上空だそうだ。そこから、さらに一時間かかるということ。飛行時間は全部で一時間二十分だそうだ。

午後五時三十二分、エアポート発、札幌駅行きのＪＲに乗っている。北海道へ降り立ったとたん、喉がクワッと開かれるような感じがした。日本列島を龍体で例えるとすると、龍の頭に当たる。今、その首の上の辺りにいるわけだ。

午後九時、新得《じんとく》という駅を過ぎたところ。北海道は、今世はもちろんのこと、初めて来た土地かもしれない（今のところ、そう思う）。例えば、青森のようにゆかりがあるというわけでもない。

阿寒湖の辺りに行くと、印象がまた違うのだろうか。まだ駅の外へ出ていないので何とも言えないが、これからだ。今日はいいお天気だった。電車の中は、エアコンが効いているので少し寒めだ。

〈飛行機に乗っていたときのことより〉

午後四時半くらい……左胸（私が魂を感じるところ）がチカッチカチカチカチカチカと知らせてくれた。そのときは、ちょうど青森上空あたりだった。飛行機はあんなにゆっくり飛んでいるように見えるが、結構、速いのだ。

釧路にて

一九九八年九月二十一日の日記より

釧路湿原一周号（バス）はなかなか面白かった。最後にソフトクリームも食べ、これもまったりとしていて美味しかった。

この広々とした土地は北アメリカのどこかと雰囲気が似ているのだろうか。そうだ、私は前からこの北海道はどこかと似ている……と漠然と思っていたのだった。

何だか、ここの大地は取り留めがないというか、収集がつかないというか、あんまり慣れないような感覚だ。これがまた、良いのであろう。

普段、つい忙しくしているからかもしれない。このような感覚に身を委ねてみようか？

〝何も心配はいらないよ〟と聞こえ……ただ、こうしていればいいそうだ。土地の記憶、大地の鼓動を感じてみることにしよう。

バスは朝八時三十五分発で、午後一時に釧路へ戻ってきた。釧路↓阿寒湖行きの一本前のバスは午後十二時五十五分発だったので、次は予定通りの午後二時五十五分で出発だ。

放牧の馬（どさんこ）や牛を時々見かけた。何だか、ここの人たちは、日本人の顔や服装で言葉を話す、どこか別のところの人のような印象があった。もしかすると……私たち（本州の人間）がそうであって、こちらの人たちが原日本人なのかも知れない。もとの言葉は今の日本語ではないだろう。

先ほどのコースは釧路駅↓細岡展望台（五百メートルほど歩いた）↓二百数段登ってコッタロ展望台↓釧路湿原展望台の中を見る（一時間コースの遊歩道もあるが、今日は時間の都合で行かず）↓丹頂鶴自然公園にて、鶴を見た。

続いて、釧路空港（東京行きと札幌行きのみ）↓ＭＯＯを経由して↓釧路駅。通り道で、天然の丹頂が向こうに三羽小さく見えた（鶴公園の鶴は飼育されたもの）。

午後四時二十分……今、阿寒湖をバスで通過中。釧路とは何か違う感じ。何だか暖かで冬の厳しい土地の中であっても、温かくやさしいような……。少し霧が晴れて来たのか、湿原のときは薄曇りで快晴とまではいかなくても、見晴らしが良かった方なのだろう。

夜十一時お宿にて。午後八時からのアイヌコタンの踊り（三十分間）を見てきた。良かった。そのあと、踊りの会場に向かって右側の並びの店でムックリを二つ買い、その向かい側の店で、屈斜路出身のH・Iさんや中二の男の子T君に鳴らし方を教えてもらった。

時々、ビヨンビヨンと鳴るのだが、変に力がまだ入っているのだろう。ムックリは力を入れすぎると鳴らない。しかし、持ち方と口の当てる位置や吹き方のコツを得るためには、やはり、かなり練習が必要だ。夜十時までお店に入り浸ってしまった。あるアイヌのアーティストのCDが面白そうだったので、購入した。あとで、私の曲のテープを、北海道で出てきたメロディーをもとに作って、そこへ送ろうと思う。

明日は摩周湖などを回る予定。それから、阿寒湖で遊覧船だ。何か、気が抜けてゆく……〝何かしなくては〟が抜けていく……これって、実はいいのではないか。

阿寒湖にて

一九九八年九月二十二日の日記より

阿寒湖方面へ戻っているところだ。昨夜は台風の影響からか、かなり風が強く、雨も降っていた。それにもかかわらず、朝には晴れていた（このときは台風の目の中だったのか？）。少し前から小雨になり、すでに霧でいっぱいだ。やはり、お天気からして、景色を楽しむことは無理なのだろうか。足を運ぶだけでもいいのかもしれないので、硫黄山まで行く予定だ。それにしても、阿寒湖付近にいるだけで癒されて行くかのようだ。

午前十一時四十五分、阿寒湖へ戻るための反対コースのバスに乗り換えたところ。硫黄山では晴れていたのだが（この〝くろゆり号〟はバスガイドさんが乗っている）、また雨だ。摩周湖では霧で何にも見えなかった。さすが、霧の摩周湖だ。もう一度行ってみたが、残念だった。一日中、ほとんど、霧がかかっているのだそうだ。

著者の手のひらからヒマワリの種を取って食べるリス

今日は、昼食を摂りに行った先でばったり、昨夜に宿泊した釧路のホテルの人に会った。今日と明日は仕事が休みだそうで、奥さんとご一緒だった。

まず、オンネトーというところへドライブがてら連れて行ってもらった。天気は良くなかったが（今頃は、北陸の石川・富山が暴風域らしい）→次に摩周湖へ向かった（本日、三度目。やはり、何も見えず……）。リスがいたので、かわいかった。ありがとう。

ドライブしてもらえてついていたが、こんなことなら朝から六千円以上かけてバスで摩周湖やらに行かなくても行けたのだ……とも思った（今日は遊覧船は乗らずじまい）。いろいろと親切にしていただいてありがとう。

ドライブの帰り道に、もう薄暗かったがキタキツネに会えた。車の方へ餌を求めてか、寄ってきたとのこと。

阿寒湖アイヌコタン→釧路→札幌へ

一九九八年九月二十三日の日記より

とうとう、阿寒湖を出て釧路を午後三時十七分に出発。牛や馬が多いところだ。札幌へ向かうまでの電車の中で、雄大な景色が見たいものだ。

今日も半日ながら、意義のある日だった。曇り空だったが、朝九時の遊覧船に乗り、まりも観測所の小島へも降りた。四百五十人乗りに、わずか九人だった。お昼から天気がよくなり、午後二時には快晴になった。

遊覧船のあと、アイヌコタンのあたりを散策した。両側にお店が並び、その向こうの中央にアイヌの踊りの舞台のある建物があり、そこに向かって立ち、左側の列の一番向こう端がH・Iさんのお店で、そこはまだ閉まっていた。昨夜とは違う雰囲気のように感じた。

向こうから三番目（二番目かな？）のお店に、奈良出身の同じくらいの年の女の子がいた。彼女はそこに二年目で店長だそうだ（あとで、そこの並びのお店のアルバイトのYさんからそのことを聞いた）。

昨日のお昼頃から寒くなり、ストーブが暖かだった。今日の日中は、そのときよりも外は暖かいのかな。

それから、列の真ん中辺、これまた面白いお店で、手作りの小鳥がいっぱい置かれてあった。とても可愛い雰囲気。さらに二軒手前のお店へ入った。大きな熊のはく製がどーんと置かれてあり、その左手にいたアイヌの男性（五十～六十代くらい？）と、右手にいらした男の人（私より少し年上）Yさんとお話をした。

そのアイヌの男性と写真も撮ることになった。そこのお店のアルバイトの彼、Yさんはそこに四ヶ月滞在しているとのことで、十月十日までいるそうだ。長野の出身。

そこの店先で、十二時から休憩でYさんが車で釧路まで送ってくれると言ったが、私は「切符があるし……」と断った。

その後、午後十二時四十五分の釧路行きのバスを停留所で待っていたら、後ろから、

「おーい。おーい。おーい」

と聞こえた。こんなところに知り合いがいるわけがないので知らん顔していたが、あんまり呼び続けるので、振り向いたら、彼（Yさん）だった。

そうか、私を呼んでいたのか。それで、切符の払い戻しをして（お金は半分くらい戻った）、車で釧路まで送ってもらうことになった。どうもありがとう。

午後二時過ぎに着いたので、早かった。バスだと二時間ほどかかるところだ。Yさんに〝幸せに歩んで行けそうな人だ〟と言われた。H・Iさんと同じく、彼にもテープを送ることになった。北海道の曲と言って。おーっ、快晴でまぶしい。

お昼ごはんは昨日と同じお店で。今日は山菜そば。お店の人が私のことを覚えていてくれて、

「昨日、ひめます定食でしたね」と言って、わかさぎの揚げたものをくれた。ありがとう。これ好きやー。おいしい。

それから……遊覧船に乗っていたときのこと。帰りにまず、まりもの曲が流れて、次に、何と布施明の『霧の摩周湖』が流れた（私の母が好きな曲だ）。次の曲は何か……阿寒湖の曲だった。

ところで、奈良の人にしても、長野の人にしても、やっぱり北海道の人とは違うようだ。本州の人ということでそういう意味で、近い感じがした。柔らかいのだ。北海道の人が硬いという意味ではないが、寒いところだからなのか。でも、内面は温かかも知れない。どこの人なのかということ以前に、人によっても違うだろう。

午後十時半。札幌泊だ。先ほど、午後十時の時計の音を聞いた。昔の札幌を知っている……そんな気がした。

この辺りは観光化してしまっていて、時計台も木造のイメージだったのが、白いペンキ塗りたてだった（平成七年一月一日～十年九月三十日まで工事中）。昔のものを見てみたい。駅の近くの広場に建っているイメージだったのだ。

現在は道路に面しているだけ。北海道の広大な感じはしない。ここは本州とあまり変わらない雰囲気だ。ところで、時計は百十余年刻み続けているのだそうだ。そうか……時計台は移り行く景色を、時代の流れを感じ続けているのだろう。阿寒湖畔は良かった。すでに懐かしくさえ思っている。

札幌空港から出発、帰路に就く

一九九八年九月二十四日の日記より

とうとう、帰路に就いた。昨日からそうともいえるが。離陸のときは前線の影響で、雨が降っていたが、上空は良いお天気。下に雲がモコモコしている。上の方の雲が動いている（高層雲というもの？）。すごーい、これもいい眺め。北海道とお別れしてしまった。離れるとなると、もっといたいような気持ちになる。しかし、何といっても一番、落ち着けるのは地元だ。帰るところがあるから、旅に出かけられるともいえるだろう。

窓の外には長い雲。細くて長い。一体、何メートルあるのだろう。まるで、龍みたいな形だ。上にたくさんの羽のような形の雲も出ている。今、真下は、本州？ 青森あたりだろうか。この龍雲はかなりの長さだ。

名古屋空港へ戻り、午後五時三十分発の高速バス（名古屋⇕金沢）に乗ったところ。すでに外は少し暗くなりかかっている。

長い長い龍雲の頭にあたる部分

午後三時二十分くらいに名古屋空港に着いて、名鉄線に乗って神宮前下車（片道二百二十円で行ける、急行二駅目のところ）。前から一度行こうと思っていた、熱田神宮へ行くことが出来てよかった。そこは不思議な感じがしたが、違和感がなかった。お伊勢さんのような雰囲気も感じた。

こちらに三種の神器の一つである剣があり、鏡は伊勢神宮にあるそうだ。その他、皇祖皇太神宮にも剣や鏡があるとのことだ（同年四月十九日に著者は富山の跡地へ行ったが、現在は茨城にある）。

著者の見解では、鏡は〝陰〟と〝陽〟の両方が存在するのではないかということ。

その両方が合わさる（揃う）ことで何らかの意味がありそうだ。まだまだその謎解き中である。

その境内に別宮八剣宮《べつぐうはっけんぐう》というのもあった。さらに並んで、もう一つ神社があった。そこは、地元の白山比咩神社に近い感じがした。所要時間一時間少々。ありがとうございました。

白山登山の日

一九九九年八月十四日の日記より

夕方四時半に山荘に着いた。今回は山頂から九百メートル下の室堂ではなく南竜ヶ馬場の山荘なので、少し近い分、楽だったようだ（途中の分岐点で直進せず、右へそれるコース）。

車で家を出たのは八時過ぎで、市ノ瀬から登山口のある別当出合まではバスで移動し、十一時半に到着。十一時四十五分に別当出合の登山口を母と出発した。

いつもは家を六時半や七時頃の出発なので、今回は遅い出発だった。十二時半から一時十五分過ぎまでお昼休憩をした。

今日は涼しめで、登り始めは好調だった。二キロ地点あたりから少しつらかったが（蒸してきたのか、暑かった）、とにかく登り続けた。四キロを越えた辺りから、そうでもなくなり、あとは分岐点から高山植物を見たりしながら、のんびりと歩いて到着。

お天気は霧。雨はポツポツと降った程度で晴れていた……というか、曇っていたので良かった。途中、霧がサアーッと晴れることもあった。

南竜山荘の場合は、日の出は展望台の方（ここから片道四十分）から見ることが出来るらしい。晴れたら行ってみたい。

今日はこうやって山にひたる……これだけでも十分なくらいだ。御来光や星空はまた今度でもいいと思っている。これで、小学四年生からの通算で十六回目の登山になるだろう。

二〇〇〇年の白山登山一回目

二〇〇〇年八月十三日の日記より

今、白山室堂で彼氏とお湯を沸かしているところだ。カレーが楽しみだ。いつもはその食堂の食事だが、来年まで工事のため初の自炊……と言っても、レトルトだが。台風と雨との予報だったが、今日はお天気に恵まれて、最高（翌日の御来光も拝むことができた）。山は空気がおいしく別世界のようで、やはりいいものだ。

山頂のある御前ケ峰《ごぜんがみね》もよいが、向こう側の別山《べっさん》方向も見てきた。山々の雲海の眺めが感動的だ。このあとに見た夕日も素晴らしいものだった。

長野県松本市へ

二〇〇〇年八月二十八日の日記より

明日と明後日は松本の友人Oさん（高校の部活の同期の人）のところだ。訪ねて行くのは初めてのこと。明後日は安曇野へ行きたい。行きのバスの中で行程を調べるとしよう。朝七時四十分発だ。そういえば、乗鞍も登ってみたかったのだった。乗り物で上の方まで上がれるので楽をしてしまうが、行くということでいいだろう。

乗鞍岳へ

二〇〇〇年八月二十九日の日記より

今、友人Oさんの社宅のアパートにいる。少し眠気が来ている。朝はバスで金沢駅を出て沢渡《さわんど》に十一時五分くらいに着いた。予定より早めに着いて、少しして友人が到着し、乗鞍へ向かう。ここは、岐阜県との県境に位置しているようだ。松本も最近は暑いそうだが、なぜか今日は涼しめとのことだ。

車で山の上の方まで行って、午後十二時五十分に散策スタート。そこからまず、高山植物がたくさん咲いている中、お花畑を楽しみながら歩いた。それから、山頂へ向かう。標高三千メートルと少しだ。

山頂へは午後二時頃に着いて、待望のお昼ご飯。Oさんが用意してくれたカップ麺とチーズに紅茶（私はいつも山では、麦茶などだが）、それに私の持参したおにぎりを一緒に食べた。とても美味しかった。ありがとう。Oさんに感謝、感謝。

下山の時にパラパラと雨が降ったが、下の方で晴れて来て景色がわりとよく見えた。山頂の剣ケ峰の他に、その付近の富士見岳にも登った。

午後五時過ぎに駐車場を出て、白骨《しらほね》温泉へ向かったが、残念ながら外来入浴は早い時間しか入れず、松本へ向かう。上高地付近のさわんど温泉が午後九時までだったので、七時頃にそこへ入った。その後、夕食時間が終わっていたが、親切にも用意してもらえたので良かった。

南小谷《みなみおたり》へ向かう電車の中で

二〇〇〇年八月二十日の日記より

今、松本駅を午後三時二十三分発の大糸線に乗っているところだ。行きは沢渡《さわんど》で降りたためバス乗り場がすぐに見つけられず、午後二時四十分発の松本↓金沢の高速バスに乗り遅れてしまった。着いたのは二時四十二分、あのちょうど行ってしまったバスだったのだろうか。

今回の旅行は行きがバスで帰りが電車ということが、この間、パッと思い浮かんだのはこのことだったようだ。電車で帰ることになっていたのだろうね。普通列車だと南小谷で一時間待ち。富山でも同じくだ。

〈穂高にてレンタサイクル〉

今朝は七時半くらいにOさんのアパートを出発し、松本駅八時十三分発のJRに乗った。

穂高でレンタサイクルの四時間コース。半日レンタルということなのか、千円だった。一番に穂高神社へ行った。サイクリング中、字だけの道祖神が三体と絵のついているもの二体を見つけた。

帰り道に回り道をしながら、双体道祖神というものを見つけることができた。もう一つ気になるのは、千国街道《ちくにかいどう》上にあるという立ち並ぶ石仏（数日前に私の内側の映像に出てきたものだ）。三月下旬に彼とスキーの帰りに寄った、穂高駅の向こうのジャンセン美術館と山岳美術館へ、今日は一人で入り、やはりどちらも素敵で、それぞれに独特味があった。そして、その付近の温泉（入浴料は四百円）へサッと入ったのだった。

〈穂高と高千穂について〉

〝穂高〟と書いて、気が付いたが、〝高千穂〟と似ている。九州でとても離れているのにもかかわらずだ。日本国内において、そういった似たような地名というのは、意外とある。穂高と千国街道の〝千〟……ああ、松本へ昔、何とかの（誰だったか？）神様が九州から足を運ばれたのだったろうか。戸隠も穂高と同じく、長野県内だ。あの、いつかの〝ちびきの岩〟のお告げ？　は、青森の二戸《にのへ》、三戸《さんのへ》あたりの〝ちびき駅〟付近と関係があるのだろうか。あのキリストに関係すると言われている青森の新郷村の？

　ところで、千国街道は塩の道と呼ばれていたそうだが、この〝ちくに〟の呼び名に関しては、もっと時代が遡る昔から存在していたもので、神々と呼ばれていた存在たちの降臨の時代に関係しているのではないだろうか。

　今、糸魚川を午後七時三十分発のＪＲに乗っているところだ。もうすぐ、富山。そこでも一時間も待ちたくないので、午後八時五十四分に着いて、九時四分の〝はくたか〟に乗って帰ろう。（富山↓金沢の特急券は千百五十円）

　今日は南小谷へ行く必要があったようだ。実際、私も行きたかったので、駅のそばの橋を渡り、左側の登るところを道路沿いに二十分と少し歩いた。坂道を歩いていると、〝千国街道（塩の道）〟と道標が出てきたので、街道を歩いたことになる。それに、一本道かと思っていたら、何本もあるらしい。どこかでつながっているのか、舗装されていない、少しアスファルトの道を外れたところから、昔の道らしいところも見つかった。

昔からの道と作り直したり、増やしたりした道とが混在しているのかもしれない。私は昔からの道を歩きたかったのだ。その道は今も続いているのかもしれない……苔むした感じで。

南小谷駅から二つ向こうの〝白馬大地〟という駅で降り、そのまま交通手段を使っていくと、石仏があるとのことだ(南小谷駅にて、この情報を得る)。白馬栂池付近の散策に良さそうだ。またの機会に来たいものだ。

今日は一人旅。これは久しぶりのことだ。思い切って来て良かった。この機会に感謝の思いだ。〝旅〟というのは、自分探しと、自分の感覚を取り戻すためにも良いものだ。

今回の旅で、よい風に気持ちが切り換わり、何かがふっ切れたようだ。これが、私、私なのだ。何か、しばらく閉ざしていたものが、パカッパカンッと解放されたような感じ。いっそうシンプルな感覚の私になったようだ。殻を打ち破るとは、このこと……そういう風に捉えることもできそうだ。

二〇〇〇年の白山登山二回目

二〇〇〇年九月十五日の日記より

今日は何だか、疲れを知らないかのような状態。朝七時頃に友人Oさんが来て、七時半に家を出発。松本で彼女が白山登山したいと、この間言っていたため。

別当出合の登山口を九時三十分に出発し、室堂（ここまで六キロの道のり）に午後二時に着いた。四・五キロ地点の甚ノ助ヒュッテで四十分ほど、お昼休憩をした。

他のコースとの分岐点から大分登ったところの黒ぼこ岩で、しばらく寝転がることにした。お天気は快晴で、そこの岩が温かくて気持ちが良かった。

今日は室堂に早めに着いて、まるで、高校の頃のようなペースにビックリもしたくらいだ。またまたカップ麺と紅茶の後、山頂へ向かった（近いほうのコースは、片道九百メートルほどだ）。四時頃から三十分ほどかけて上がった。

山頂では御岳山などがくっきりと向こうに見えた。別山《べっさん》の向こうの山は何だったのか?
次の日の早朝ではなく、その日のうちに山頂まで行ってきたなんて信じられないくらいだ(そのくらい元気があったという意味で)。

そうか、その年の初登山でなければ、わりと登りやすいというわけだ。また、登山のコツはあんまり休み過ぎずに登ることにあるだろう。山頂はすごい風だったが、山々の眺めはとても綺麗だった。宿泊所のある室堂へ戻り……夕方五時半を過ぎてから急に霧がかかって暗くなってしまい、今は寒い。

今日の登山はあまり大変に思わなかったのが不思議。登山慣れしている、友人Oさんとの登山ペースも、とても息が合ってぴったりだったのだ。今日の下界は暑い日のようだったが、九月半ば頃の登山だと山の下のほうが蒸していない分、爽やかで八月中旬よりも登りやすかったように感じた。

高山植物はあと少しだけ咲いていて、実がなっているお花が多かった。明日の朝は晴れるといいのだが、山のお天気は変わりやすく、御来光を拝みやすい時期は七月二十日頃や八月上旬頃であることが多いようだ。

下山時のこと

二〇〇〇年九月十六日の日記より

今日の下山は朝八時二十分頃に出発して、下（別当出合）に着いたのは十一時過ぎくらいだった。上の方はかなり風が強く、雨風の中、吹き飛ばされそうになりながら、下りてきた。昨日の快晴とは正反対のお天気だったが、無事に帰ることができた。

その後、白峰の手打ちのお蕎麦屋さんへ行き、一里野の〝天領（温泉）〟へ行き、その付近でOさんが「なつかし〜い」と言ったので、そこが高校時代の部活（吹奏楽部）の合宿場所だったことを思い出した。そして、家でOさんとお茶をしてからバイバイしたのであった。

そして……

二〇〇一年八月十四日の日記より

出産前の小旅行で、今、パートナーと穂高にいる。思い切って来て良かった。〝お腹の赤ちゃん、よくここまで一緒に来られたね。ありがとう。ぼちぼち名前を決めなくちゃね（当時妊娠八ヶ月）〞この旅行中に名前が浮かぶといいのだが。さて、ゆっくり過ごそう。

あと書きに寄せて

出版のきっかけとなったのは、昨年二〇一一年二月十九日号の地元の情報紙に載っていた三月十三日の金沢での出版説明会の要項だった。私なりに日記をもとに、十数年かけて数冊の冊子にまとめたものを、さらにその説明会の数ヶ月前から、まるで何かに駆り立てられるかのように、使命感を感じるかのように、編集し続けたあと、次なる書籍化の機会が訪れることを不思議と確信していたその直後のお知らせだった。

今、あの時の感動を思い出している。

説明会は三・一一東日本大震災の直後だったが、予定通り行われ、関西の文芸社の方が東京の方の代理で対応をして下さった。その後、東京本社の担当者の方に、冊子数冊を読んでいただいたあとに、〝今の時代に必要な内容〟と薦めていただき、そのご縁をもとに、編集者の方のご指導とご協力を得て、執筆を進めてきた。ずっと以前から、本としてこの世の中の必要とされる方々のお手元にお届けできることを夢見ていた私なのだが、多々ある情報記録から絞り込んでの内容ではあるが、このような貴重な一冊として実現化できたことを、とても嬉しく思う。

また、書籍化する過程において、さらに、自分自身と向き合うための良い機会となっただろう。そして、このような不思議な感じのする内容かもしれないが、やはり、どれもが私にとって、日常生活と同時進行の切り離すことのできない体験なのだ。

私を育ててくれた両親をはじめ、家族関係のメンバー、友人、知人たちの励ましの言葉、そして、読者の皆様方には、最後まで読み進めていただいて、本当に感謝の思いでいっぱいである。

出版にあたって、本文の編集段階において、文芸社の方々には大変お世話になり、本当にありがとうございました。そして、私のそばについて守ってくれている守護ガイドたちにも、お礼を言いたい気持ちだ。

最後に詩のような文面を載せたいと思う。

今年二〇一二年の印象

二〇一一年十二月三十一日、年明け前の記録より

二〇一二年は変化と変容、羽ばたきの年
龍神のエネルギー　龍宮界のエネルギー

龍宮界が開く　岩戸開きは二〇一一年に行われ、さらなる結界が解き放たれ、より意識的にもオープンになってゆくことだろう。

たまりにたまった膿が洗い流され、人々の調和しようとする姿勢、協力体制、本来のヤマト民族が備えている調和の精神により結束され強く保たれていくことであろう。

その過程は挑戦的でもあるが、流動的であるかもしれない。

完結のとき
完結するとき

白龍　白龍が天に昇る
空は晴天なり

緑龍　水色の龍　黒龍
その他、青、オレンジ、黄色の龍たち
五色の民が集うとき

今、明らかになる。人類史史上の真相が、ルーツが。

これまでの地球史の中で、幾度も明かされ埋葬されてはの繰り返しだったことに関して、各々の記憶の中に、いっそう浮上し、解き明かされ、各々が何者であるのかということが、より自覚されていくことだろう。

それらが、まもなく明かされることだろう。

……とのガイドからの伝達である。

今後の皆さまのご健康とご多幸をお祈りいたしております。ありがとうございます。

二〇一二年一月

白山《しらやま》　佐良《さら》

●参考資料

『地球膨張の謎と超大陸パンゲア』飛鳥昭雄　三神たける　学習研究社
『超真相　東日流《つがる》外三郡誌《そとさんぐんし》　日本は二つの国だった！』佐治芳彦　徳間書店
『縄文文明の発見　驚異の三内丸山遺跡』梅原猛　安田喜憲　ＰＨＰ研究所
『明らかにされた神武以前　日本民族！　その源流と潜在意識』山本健造　飛騨福来心理学研究所
『超図解　竹内文書―地球３０００億年の記憶』高坂和導　徳間書店

著者プロフィール

しらやま さら

金沢市出身。幼い頃からの、度重なる不思議な体験により、地球上の転生サイクル情報を含む、個人のアカシックレコードの読み取りが出来るようになる。様々な次元世界（宇宙ステーションや宇宙図書館etc……）に関する記憶を合わせ持つ。

小学生の男の子の母。ミュージシャン。電子オルガン歴34年、ピアノ&クラリネット歴27年。趣味は作曲、水彩画、旅行、登山。特技はピアノによる即興演奏。

エンジェルノート 夢日記より

2012年9月9日　初版第1刷発行

著　者　しらやま さら
発行者　瓜谷 綱延
発行所　株式会社文芸社
〒160-0022　東京都新宿区新宿1－10－1
電話　03-5369-3060（編集）
03-5369-2299（販売）

印刷所　株式会社フクイン

ISBN978-4-286-12432-2